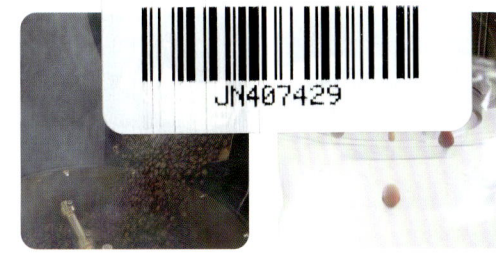

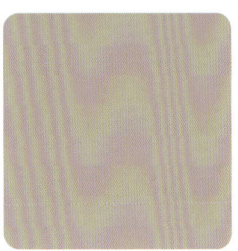

NCS기반의
커피 관리

서문(序文)

> "한 권의 문학서적과 인문서적이 인생을 바꾸지만,
> 커피 교육에 필요한 전문서적은 희망과 행복을 만듭니다."

누군가에게 그 일을 하는 대가를 지불해야 한다면 그것은 지금 이 한 권의 책을 드리고 싶습니다. 무엇이 되려고 애를 쓰려할 때 당신을 진실로 도울 수 있는 것 또한 "이 한 권의 책"이 되길 간절히 소망합니다.

커피의 본질이란, 매력적인 향미뿐만이 아니라, 시트러스하고 너티하며 초콜레티하여 사람들로 하여금 벽을 허물고 서로 말하게 하는 소통의 힘을 줍니다.
공기가 사람을 숨 쉬게 하고, 물이 생명을 준다면, 커피를 통해 보다 많은 희망을 주며, 영감을 떠오르게 하는 한 잔의 커피를 만날 때, 비로소 우리는 행복할 수 있습니다.
여러분의 손에 쥐어지는 한 잔의 커피가 얼마나 멋지고 아름다운 스토리가 있는지를 보여드리고 싶습니다. 앵두만 한 작은 커피 열매의 씨앗이 싹을 틔우고 한 잔의 커피에 담아지기까지는 우리네 인생 못지않은 수많은 의미와 사연이 있습니다.

최근 커피에 대한 뜨거운 열기는 소비자들도 커피에 대해 다양하게 느끼고, 맛 보며, 눈으로, 코로, 커피의 깊이를 알아가는 일련의 상황들은 향후 커피산업의 엄청난 발전을 짐작게 합니다.

커피의 본질을 이해하고 그 매력을 잘 표현할 수 있도록 돕겠다는 심정입니다.
대한민국에서는 커피교육을 NCS라는 직무능력표준을 정하여 그 틀에 맞는 교육을 하도록 기준을 정했습니다. 이에, 본 교재는 100% NCS를 기반으로 하였으며 바리스타가 꼭 알아야 할 커피 지식을 추가했습니다.

다시 말하자면, NCS 기준에 1. 커피 추출 운용, 2. 커피 테이스팅, 3. 에스프레소 추출, 4. 에스프레소 응용 메뉴 제조, 5. 라떼아트, 6. 커피기계 운용, 7. 커피 블렌딩, 8. 커피 분류 평가, 9. 커피 로스팅 총 9 Chapter를 직업능력개발 훈련기준으로 고시했습니다.

특히, 커피의 물리 화학적인 특성 부분은 호서대학교 실험실과 수원여자대학교의 식품분석센터에서 직접 실험한 자료로 저자의 박사학위 논문 자료를 정리한 것입니다.
커피전문가를 염원하는 많은 분들이 커피바리스타 2급 자격증을 비롯하여 커피 관련한 각종 자격증을 취득시 많은 도움이 되리라 믿습니다.

보다 많은 분들이 커피로 인해 살아가는 의미를 되새기며 자신감과 용기를 낼 수 있기를 소망합니다. 보다 좋은 교재를 만들기 위해 항상 애써주신 포토그래퍼 황익상 실장님께 감사드리며, 수고해 주신 유강 F&BE의 유인하 회장님, 커피 테이스팅과 기계 수리 부분의 원고에 자문해주신 커피비평가협회(CCA) 박영순 회장님께 감사의 인사를 드립니다.

여러분의 꿈이 이루어지길 기원 드립니다.
〈저자 드림〉

CONTENT

Chapter 1. 커피 추출 운용	7 30	제1절 ǀ 커피 추출기구 활용하기 제2절 ǀ 커피 추출 관능 평가하기
Chapter 2. 커피 테이스팅	39 40 41	제1절 ǀ 커피 테이스팅 준비하기 제2절 ǀ 커피 테이스팅 하기 제3절 ǀ 커피 테이스팅 결과 정리하기
Chapter 3. 에스프레소 추출	51 61	제1절 ǀ 에스프레소 추출하기 제2절 ǀ 에스프레소 관능 평가하기
Chapter 4. 에스프레소 응용 메뉴 제조	63 71	제1절 ǀ 우유 스티밍하기 제2절 ǀ 에스프레소 응용 메뉴 만들기
Chapter 5. 라떼 아트	81 86 90	제1절 ǀ 푸어링 아트 하기 제2절 ǀ 에칭 아트 하기 제3절 ǀ 스텐실 아트 만들기
Chapter 6. 커피 기계 운용	92 109 118	제1절 ǀ 에스프레소 머신 운용하기 제2절 ǀ 에스프레소 그라인더 운용하기 제3절 ǀ 보조 커피 기계 운용하기

Chapter 7. **커피 블렌딩**	122 •	제1절 ｜ 블렌딩 생두/원두 선택하기
	123 •	제2절 ｜ 블렌딩 방법 선택하기
	125 •	제3절 ｜ 블렌딩 선택하기
Chapter 8. **커피 분류 평가**	129 •	제1절 ｜ 커피 생두 품종별 선택하기
	143 •	제2절 ｜ 커피 생두 가공처리 방법별 분류하기
	147 •	제3절 ｜ 커피 생두 원산지별 분류하기
	166 •	제4절 ｜ 커피 원두 선택하기
Chapter 9. **커피 로스팅**	170 •	제1절 ｜ 로스팅 준비하기
	170 •	제2절 ｜ 로스팅 방법 선택하기
	174 •	제3절 ｜ 로스팅 하기
	179 •	제4절 ｜ 커피 로스팅 결과 정리하기
	195 •	제5절 ｜ 로스팅 기계 관리하기
	199 •	참고문헌

Chapter 1
커피 추출 운용

제1절 | 커피 추출기구 활용하기
제2절 | 커피 추출 관능 평가하기

Chapter 1. 커피 추출 운용

제1절 커피 추출기구 활용하기

01 추출의 원리

추출은 커피에서 커피 성분을 뽑아낸다는 것이며, 물이 분쇄된 커피입자 속으로 스며들어 커피 성분 중 물에 잘 녹는 수용성 성분을 용해한다. 그 다음에 용해된 성분들이 커피입자 밖으로 확산(擴散, Diffusion)되는 과정을 거치게 된다. 마지막으로 용출된 커피 성분에 물을 통과시켜 추출하게 된다.

침투 ➡ 용해 ➡ 분리

02 여러 가지 커피 추출 방식

		방식	기구
여과 (濾過)	드립 여과 추출법 (Drip filtration)	여과용 필터에 분쇄된 원두를 넣고 위에서 뜨거운 물을 통과시켜 커피를 추출하는 방식.	• 커피메이커 • 드립식 추출 • 커피 언 Coffee Urn
		분쇄된 원두를 넣고 그 위에 찬물로 장시간 한 방울씩 낙수시켜 추출하는 방식으로 카페인 추출양이 적다.	• 워터드립 더치커피 Dutch
	가압 추출 (Pressurized infusion)	가압(2~10기압)된 뜨거운 물이 커피 케이크를 통과하면서 가용성 성분과 불용성 성분을 추출.	• 모카포트 Moka Pot • 에스프레소 Espresso
침지 (沈漬)	우려내기 (Steeping)	추출 용기 안에 분쇄된 원두를 넣고 뜨거운 물과 섞는다. 일정 시간을 주어 커피와 접촉하게 한 뒤 커피 성분이 추출되도록 한다.	• 프렌치 프레스 French Press • 커피 비긴 Coffee Biggin
	끓임법 (Boiling) 달임법 (Decoction)	추출 용기 안에 뜨거운 물과 분쇄된 원두를 넣어 섞은 후 가열하여 추출하는 방식.	• 터키식 커피 Turkish Coffee 이브릭 Ibrik
	반복 여과 추출, 삼출법 (Percolation)	추출 용기 안에 있는 커피가루에 뜨거운 물을 통과시켜 추출된 추출액이 반복 순환하여 커피층을 통과 반복하면서 추출되는 방식.	• 퍼콜레이터 Percolator
	진공 여과 (Vacuum filtration)	유리 플라스크에 물을 가열하여 발생되는 증기압에 의해 물이 상부로 올라가면 커피가루와 섞어준다. 일정시간 후 열원을 제거하면 추출액이 하부로 내려오는 방식.	• 배큐엄 브루어 Vacuum Brewer 사이펀 Syphon이라고도 부른다.

Chapter 1. 커피 추출 운용

03 여과식 커피 추출

1. 핸드드립의 특징

1763년 프랑스의 돈 마틴(Don Martin)이 커피가루가 나오지 않도록 헝겊조각으로 드립포트를 만든 것이 드립커피의 시초이며 1800년 초 프랑스 벨로이(Belloy)가 지금의 드립 방법을 완성하였다. 현재 많이 이용하고 있는 페이퍼 드립은 1908년 독일의 멜리타 벤츠 부인에 의해 발명되어 일본으로 건너가 크게 발전하여 다양한 방법들이 개발되었다.

추출과 동시에 뜨거운 물과 커피가루의 분리되어 여과가 일어난다.사람의 손으로 드립포트(Drip Pot)와 드리퍼(Dripper), 필터(Filter), 서버(Sever)를 이용하여 추출하는 방식으로, 일반적으로 페이퍼필터, 융필터, 금속필터, 세라믹 필터 등을 사용한다.

(1) 핸드드립의 자유도

핸드드립은 '드립을 하는 사람마다 자유도가 있다'라고 표현한다. 여기서 자유도란 각자의 방법과 취향에 따라 드립의 방법이 달라질 수 있음을 의미한다. 그러나 자유도라는 말을 달리 설명하면 개인의 방법에 따라 추출의 영향을 받을 수 있으므로 과잉추출 또는 과소 추출될 경향이 높아 질 수 있다는 의미이다. 그러므로 핸드드립의 기본을 제대로 숙지하고 나서 취향에 따른 변화를 추구한다면 더욱 맛있는 커피를 추출할 수 있을 것이다.

(2) 핸드 드립시 주입되는 물의 온도

로스팅 정도에 따라 물의 온도를 변화하거나 개인의 취향, 연령, 문화 등을 고려한 여러 가지 드립을 시도해 보면서 각자의 맛을 찾아가는 것 또한 드립의 또 다른 즐거움일 것이다.

① 고온 주입 시 : 향의 증가, 중후한 느낌의 바디감 증가. 쓴맛의 증가 경향을 보인다.
② 저온 주입 시 : 향이 부족, 바디 감이 부족한 가벼운 커피가 되는 경향을 보인다.

Chapter 1. 커피 추출 운용

1) 드립 포트 Drip pot

핸드 드립 시 물을 붓는 주전자를 드립 주전자 또는 드립 포트라고 부른다. 일반적인 주전자와는 달리 물의 배출구(水口, 학의 부리와 같다 하여 학구(鶴口)라 하기도 함)가 바닥과 가깝고 폭이 좁으며 매우 길며, 불에 직접 올려놓아선 안 된다. 드립 포트의 배출구는 S자 형태로 물줄기 조절이 원활하도록 되어있으며, 배출구의 형태에 따라 물의 유속이 달라지므로 본인에게 맞는 전용 드립포트를 선택해서 사용하도록 한다. 물의 배출구가 좁고 길수록 물줄기의 조절이 용이하여 원하는 방향으로, 원하는 만큼의 물을 주입 하기가 쉽게 된다. 일반적으로 0.6 ~1.3 L로 다양하며 구리, 스테인레스, 법랑 등 다양하다.

가늘고 긴 형태   가늘고 짧은 형태   굵고 짧은 형태

(1) 가늘고 긴 형태

물관 밑쪽과 위쪽이 크기가 동일하며, 다른 주전자들에 비해서 물관이 작으므로 물을 많이 주려고 해도 많이 나오지 않고, 물량이 일정하게 떨어진다.

또한, 3~4인분 이상의 드립 시에 많은 물의 양이 필요한데, 이런 형태의 주전자로는 한 번에 많은 양의 물을 주지 못 해 드립시간이 지체될 수 있고 오버 추출이 될 수 있는 단점이 있다. 따라서, 물줄기를 처음부터 끝까지 일정하게 유지해 주어야 하는 멜리타 추출에 적합한 포트이다.

(2) 가늘고 짧은 형태

가장 대중화된 포트로, 큰 특징이 없고 무난한 포트로 초보자가 처음 사용하기 적합한 포트이며, 특별한 기술이나 경험이 없어도 사용하기 편리하다.

(3) 굵고 짧은 형태

가장 많은 바리스타들이 소장하고 있으며, 물주둥이 밑부분은 넓고 위쪽은 점점 좁아지는 특징을 갖고 있다. 그만큼 물줄기를 많이 줬을 때와 물줄기를 가늘게 줬을 때의 폭이 어떤 드립포트 보다 크다. 바리스타의 역량을 뽐내낼 수 있는 포트지만 초보자가 사용하기에는 물줄기의 물조절이 힘들다.

Chapter 1. 커피 추출 운용

2) 드리퍼 Dipper

여과지를 올려놓고 분쇄된 커피를 담는 기구를 말하며, 각기 형태에 따라 같은 커피를 사용하여 추출하여도 커피의 맛이 달라지므로 종류별로 그 특성을 이해해야 원활한 추출이 이루어진다.

플라스틱　　　　　　　　　도기　　　　　　　　　금속

[드리퍼의 구조]

모든 드리퍼는 컵과 유사한 모양을 나타내며 손잡이, 거치대, 리브(Rib), 추출구로 나눠 있다.

커피가 담겨지는 공간

립(Rib)
종이필터가 드리퍼에 잘 밀착되고 추출이 잘 될 수 있도록 생긴 길을 말하며, 드리퍼와 종이필터 사이의 공기가 잘 빠져 나갈 수 있게 홈이 파여 있다.

손잡이

거치대

추출구 : 우러나온 커피 액이 떨어지는 구멍

Chapter 1. 커피 추출 운용

(1) 멜리타 Mellita

멜리타 드리퍼는 1908년 독일의 메리타 벤츠(Meritta Bentz) 부인이 발명하여 페이퍼 드립의 출발이 되었다. 전체 폭이 약간 크고 칼리타에 비해 경사가 가파른 편이다. 추출구가 한 개이며 지름은 약 0.3cm이다. 표준형(아래쪽 하나의 **추출구**)과 아로마형(약간 위쪽 옆면에 하나의 **추출구**) 드리퍼가 있다. 리브가 1~2인용은 드리퍼 끝까지 올라와 있으며, 2~4인용은 중간까지 올라와 있다. 드리퍼가 역 사다리꼴 형태를 나타내므로 물을 주입하면 바닥부분에서 커피가루와 물이 만나는 시간이 길어 커피의 농도가 진하게 된다.

또한, 아로마 드리퍼는 추출구가 위쪽에 있어서 드리퍼 바닥에서 커피액이 고여 있다가 추출되어 커피성분이 충분하게 추출되긴 하지만 지나치면 텁텁한 맛이 나게 되기도 한다.

특징 : 추출구가 한 개이므로 추출시간이 오래 걸려, 깊은 맛을 내고, 풍부하고 진한 맛을 표현한다.

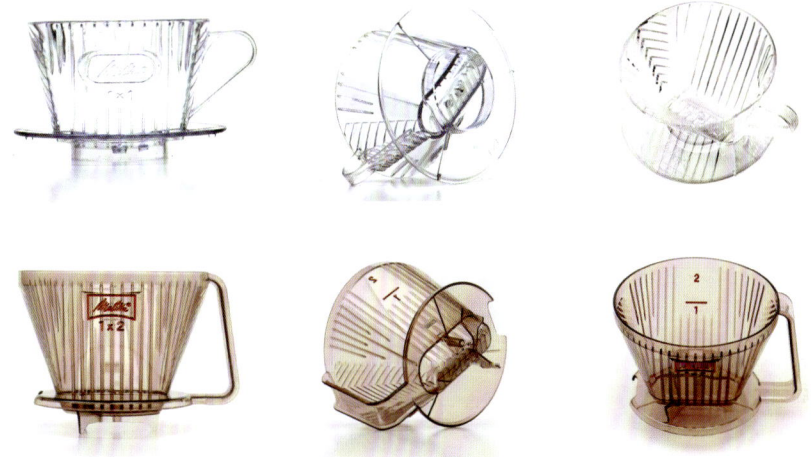

(2) 칼리타 Kalita

멜리타의 단점을 보완하여 일본에서 개발한 것으로 드리퍼의 추출구가 세 개다. 지름은 1~2인용(101)은 0.2cm이며, 3~4인용(102) 이상은 약 0.5cm이며 바닥은 수평하다. 리브가 촘촘하게 드리퍼 끝까지 설계되어 있으며, 추출구가 세 개라서 잘 막히지 않고 공기가 쉽게 빠진다.

특징 : 추출구가 세 개이며, 리브가 촘촘하며 경사가 멜리타에 비해 완만한 편이며 깔끔하고 산뜻한 맛을 표현한다.

Chapter 1. 커피 추출 운용

(3) 고노 Kono

융 드리퍼의 간편화를 위해 만든 것으로 추출구가 한 개이고 지름은 약 1.4cm이며 원추형이다. 리브의 수가 적고 높이가 드리퍼 중간까지만 있다. 드리퍼의 폭이 깊고 리브사이의 간격이 넓고, 추출 시 원두의 소모량 많으며, 주입한 물이 드리퍼 내에 머무르지 않고 빨리 추출되므로 물의 속도를 조절해야 한다. 산뜻한 맛의 커피를 내리려면 빠르게 물을 주입하도록 한다.

특징 : 추출구의 지름이 1.4cm로 한 개이며 원추형으로 리브의 개수가 적으며 드리퍼 중간까지만 있다 깊고 진한 부드러운 맛과 감칠맛을 표현한다.

(4) 하리오 Hario

고노 드립퍼와 유사한 원추형 형태로 나선형의 리브가 상단에서부터 회오리처럼 추출구까지 이어져있는 모습을 하고 있다. 추출구는 1개이고 지름은 약 1.8cm이다. 추출구의 크기가 고노에 비해 크고 추출 속도가 빠른 편으로 잡미가 없이 깔끔하면서 부드러운 커피를 추출할 수 있지만 상대적으로 바디감이 뒤쳐질 수도 있다.

특징 : 고노와 형태가 비슷하나 추출구의 지름이 조금 더 크고 리브가 나선형으로 드리퍼 끝까지 있다.

 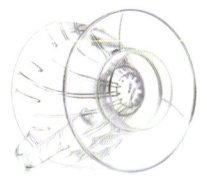 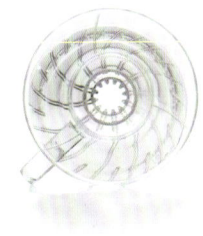

Chapter 1. 커피 추출 운용

(5) 융 – 플란넬 Flannel

플란넬(Flannel) 천으로 만들며 원추형 모양을 나타내며 추출구가 따로 없다. 종이필터 없이 직접 융에 커피가루를 붓고 뜨거운 물을 부으면서 추출한다. 천의 종류에 따라 차이가 있으며, 두겹, 세겹, 여러 겹 박음질한 것도 있으나 여러 겹일수록 커피가루가 많이 부풀게 된다.

> **Tip**
> 천 조직사이에 묻은 커피의 오일성분을 제거하기 위해 깨끗하게 세탁 후에 찬물(냉장고)에 보관해야 한다.

특징 : 직접 커피성분이 추출되므로 강한 향미와 오일성분이 추출되어 부드러운 바디감 연출에 좋다.

[드리퍼 별 비교 및 크기표시 모델 번호]

명칭	형태	추출구 지름	추출구의 수	립의 형태	드리퍼 크기의 표시법
멜리타	역 사다리꼴	3mm	1		1×1 : 1~2인용 1×2 : 2~4인용 1×4 : 4~8인용
칼리타		5mm	3		101 : 1~2인용 102 : 2~3인용 103 : 5~7인용 104 : 7~12인용
고노	원추형	1.4cm	1		MD-21 : 1~2인용 MD-41 : 2~4인용 MD-11 : 8~10인용
하리오		1.8cm	1		01 : 1~2인용 02 : 2~4인용 03 : 1~6인용

Chapter 1. 커피 추출 운용

3) 서버 Server

드리퍼 아래 놓고 추출된 커피 액을 받아 내는 용기를 말하며, 용량과 제조사에 따라 각각의 크기와 모양이 다르다. 보통 투명한 유리로 되어있고 눈금이 표시 되어있다. 보통 용량이 300~1200cc까지 다양하다.

4) 여과지 Drip Filter

드리퍼 위에 얹어 커피 담아 추출하는 것을 말하며 종이 필터라고도 하며, 천, 폴리프로필렌, 금속망 등이 있다. 폴리프로필렌은 재사용이 가능하나 드리퍼 위에 얹었을 때 밀착이 잘 안 되기도 한다.

　종이 필터가 일반적으로 많이 사용하며, 간편하나 종이의 질이 중요하다. 천연펄프를 많이 사용하고, 표백펄프인 경우는 염소소독이 아닌 산소 표백을 하며, 일반적으로 접착제를 사용하지 않고 기계압착을 하고 있다.

　　천연펄프　　　　　표백펄프　　　　　천연펄프　　　　　표백펄프

Chapter 1. 커피 추출 운용

5) 그 외 기구들

온도계
같은 원두와 동일한 조건의 드립용품을 사용할 경우라도 물의 온도에 따라 다른 맛이 연출 될 수 있다. 온도가 낮으면 쓴맛, 떫은맛이 감소하고, 온도가 높으면 원두 내의 화학물질의 추출이 잘되어 농도가 높아지며 신맛, 쓴맛이 강해진다. 배전도와 분쇄입자에 알맞은 온도의 물을 사용해야 한다.

계량스푼
사용 커피의 정확한 측정을 하기 위해 사용하며 보통 한 스푼에 10g~12g 정도이다. 재질에 따라 스테인리스, 동, 플라스틱, 도기 등 다양하다.

초시계(스톱 워치)
추출하는 이의 취향에 따라 차이가 있으나 일반적으로, 2인분 추출 시 보통 2~3분이 걸린다. 2분 이내에 추출이 이루어지면 신맛이 3분을 초과하면 쓴맛이 연출 될 수 있으므로 시간 조절이 필요하다.

핸드밀
가정에서 편리하며 소량일 때 사용하면 좋다.

전동식 그라인더
전동식이므로 짧은 시간에 다량을 분쇄할 수 있다.

Chapter 1. 커피 추출 운용

2. 핸드드립 추출

1) 종이 필터 접기

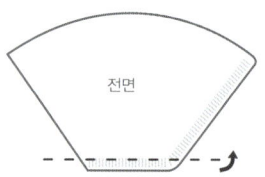  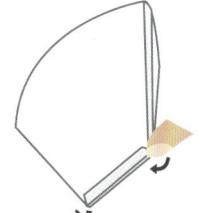

- 2/4인용 필터 접기 (선에 맞춰서 윗쪽으로 접는다)
- 뒷면으로 돌린 후 접는다 (옆면을 아랫면과 반대 방향으로 접는다)
- 안쪽을 벌려 한 손을 넣은 후 양쪽 모서리를 접어준다

 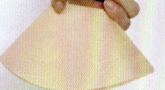  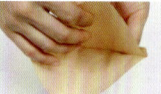  

| 칼리타 / 멜리타 필터 접는 법 |

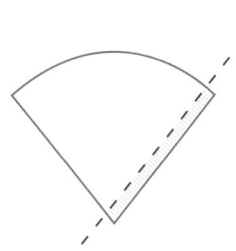 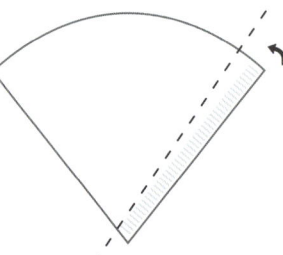 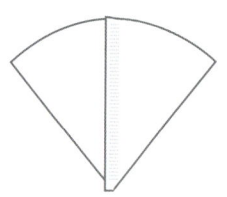 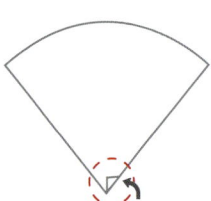

- 2인용 필터 접기 (선에 맞춰서 그대로 접는다)
- 4인용 필터 접기 (윗선에서 약간 벗어나게 접는다)
- 돌려 시접선이 가운데로 오게 접는다. (윗선에서 약간 벗어나게 접는다)
- 뒷부분에 나온 골선을 접은 후 마무리 한다.

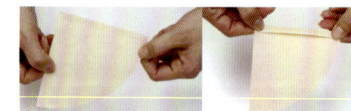   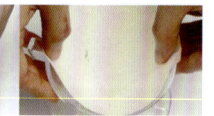

| 고노 / 하리오 필터 접는 법 |

Tip

드립의 여러 가지 물 주입 방법

〈점식법〉
점식법은 커피 가루 중심부에 물을 한 방울씩 떨어뜨려 뜸을 들이는 방식으로, 중심부에 커피 가루가 많이 있는 고노식(Kono式), 하리오식(Hario式)에서 많이 사용된다.

〈나선형 법〉
나선형 법은 중심에서 시작하여 바깥쪽으로 500원 동전 크기 만큼 나선을 그리며 부어주는 방식이다. 가장자리에 물을 주입할 때는 빠르게 주입될 수 있도록 조절해주고 중심쪽은 천천히 주입하여 물줄기를 조절하여 커피의 농도를 맞추도록 한다.

Chapter 1. 커피 추출 운용

2) 핸드드립 추출

(1) 칼리타 Kalita 식 드립

① 분쇄된 원두를 종이필터에 담기

분쇄된 커피를 필터를 끼운 드리퍼 안에 담는다. 이때 커피 표면이 한쪽으로 치우치지 않도록 드리퍼 옆면을 살짝 쳐서 평평하게 만들어 준다.

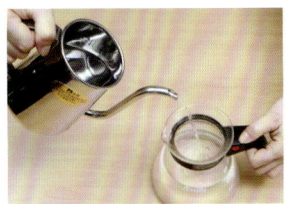

② 물 온도 맞추기

온도계를 꽂은 드립포트에 끓는 물을 부어 준 후 드립포트의 물을 서버에 부어서 서버를 예열시킨다. 다시 서버의 물을 드립포트에 부어주기를 반복하여 추출하기에 적당한 온도(91℃~95℃)로 낮춘다.
(로스팅 정도에 맞춰 온도 조절을 한다.)

③ 주전자 파지법 및 자세

주전자는 검지의 첫마디가 손잡이에 걸리게 가볍게 주먹을 말아 쥐며 양발은 어깨 너비로 벌린 뒤 왼발을 살짝 앞으로 두며 이때 무게중심을 살짝 왼쪽 앞발에 둔다.

물을 줄때는 가능한 한 주전자와 드리퍼의 간격이 멀어지지 않게 유지하는 동시에 너무 가까이 접근하여 드리퍼와 주전자가 부딪치지 않을 정도로 일정한 높이를 유지해준다.

④ 뜸들이기

- 500원 동전 크기만큼 커피 표면에 물을 얹는다는 느낌으로 붓고 뜸을 들인다.
- 물은 가늘고 천천히 부어주어야 하며 종이 필터에 직접 물이 닿지 않도록 한다.
- 커피가 부풀어 오르기 시작하는데 이것을 커피번 또는 커피빵이라고도 부른다.
- 뜸을 들여 부풀어진 커피번이 갈라지기 시작하면 추출을 시작한다.

Chapter 1. 커피 추출 운용

⑤ 추출

추출은 아래의 표와 같이 4회로 나누어서 하게 된다. (칼리타 드립퍼, 원두량 20~25g 2인기준)

1차 추출	2차 추출	3차 추출	4차 추출
중심부에 물을 붓기 시작한다. 나선형을 그리며 나갔다가 다시 안쪽으로 그리며 들어온다. 드립퍼 끝에서 1cm 안쪽 까지만 물을 주입한다. 추출양은 전체추출량의 약 20%만 추출한다.	1차 추출 후 부풀어 오른 커피가루가 가라앉으려 할때 2차 추출을 시작하며 1차와 같은 방법으로 전체 추출량의 20% 가량이 되도록 한다.	부풀었던 커피가 다시 가라앉을 때 3차 추출을 시작하며 2차와 같은 방법으로 물줄기는 굵게 하고 속도는 천천히 한다. 추출양은 전체 추출량의 50%가량이 되도록 한다.	다시한번 커피가 평평해지면 마지막 추출을 시작하며 중심부에 물을 붓기 시작하여 중간에서 바깥부분으로 물줄기를 주며 돌리고, 물이 완전히 빠져 나가기 전에 (추출액이 약 150ml) 전체 추출량의 약 10% 가량을 추출하고 드립퍼를 다른곳으로 옮겨 종료한다.

⑥ 추출 마무리

- 마지막 거품이 가라앉지 않도록 유지하며 추출을 마친다.
- 2인분을 기준하여 3분 이내에 추출을 마친다.
- 미리 예열해둔 잔에 커피를 나눠가며 따른다.(따르기 전 디캔딩 : 처음 내린 커피, 나중에 내려진 커피, 온도 차이, 향 등의 균형을 잡아주기 위해 필요하다.)

> **Tip**
>
> **뜸 들이기**
>
> 뜸 들이는 이유 : 추출하기 전에 커피가루에 뜨거운 물을 부어 물을 침투시키는 작업으로 뜸들이기를 하는 목적에는 여러 가지가 있다. 뜸 들이기로 충분하게 열려진 커피가루에 물을 주입시켜 추출이 잘 이루어지도록 도와준다. 또한, 커피 내의 탄산가스와 공기를 빼내어 가루 속에서 물이 지나갈 길을 확보하기 위한 것이다. 신선한 커피의 경우 커피가루에 함유된 탄산가스로 인해 커피가루가 빵처럼 부풀어 오른다.
>
>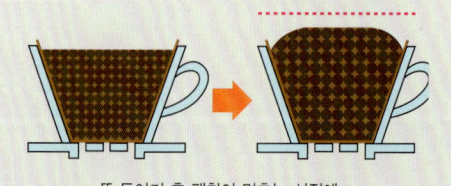
>
> 뜸 들이기 후 팽창이 멈추는 시점에 1차 추출을 시작한다.

Chapter 1. 커피 추출 운용

(2) 고노 Kono 식 드립

① 분쇄된 원두를 종이 필터에 담기

분쇄된 커피를 필터를 끼운 드리퍼 안에 담는다.
이때 커피 표면이 한쪽으로 치우치지 않도록 드리퍼 옆면을 살짝 쳐서 평평하게 만들어 준다.

② 물 온도 맞추기

온도계를 꽂은 드립 포트에 끓는 물을 부어 준 후 드립 포트의 물을 서버에 부어 서버를 예열시킨다. 다시 서버의 물을 드립 포트에 부어 주기를 반복하여 추출하기에 적당한 온도(91℃~95℃)로 낮춘다. (로스팅 정도에 맞춰 온도 조절을 한다.)

③ 추출

- 물을 한 방울씩 중앙을 향해 떨어뜨리며 충분히 팽창시킨다.
- 서버 바닥에 한 방울씩 커피를 내려오게 해서 바닥에 채워질 때까지 계속 추출한다.
- 더 이상 커피번이 부풀지 않을 때쯤 중앙을 중심으로 동전 크기의 원을 그려가며 물을 주입한다.
- 추출 양을 보면서 동전 크기였던 원을 점점 키워가며 추출한다. (이때 종이 필터에 닿지 않도록 주의한다.)
- 추출구가 크므로 추출액이 빠르게 내려가게 된다.

Chapter 1. 커피 추출 운용

④ 추출 마무리
- 거품이 가라앉지 않도록 유지하며 마지막엔 물을 필터 윗부분까지 주입하고 바로 옮기도록 한다. (이때 물을 붓고 바로 옮기지 않으면 좋지 않은 거품이 추출될 수 있으니 주의하도록 한다.)
- 미리 예열해둔 잔에 커피를 나눠가며 따른다.

(3) 하리오 Hario Pour Over 식 드립

① 분쇄된 원두를 종이필터에 담기
분쇄된 커피를 하리오 필터를 장착한 드리퍼 안에 담는다. 이때 커피 표면이 한쪽으로 치우치지 않도록 드리퍼 옆면을 살짝 쳐서 평평하게 만들어 준다. Pour Over 방식의 하리오 추출법을 사용 할 때는 0.5mm~0.7mm의 다소 굵은 분쇄를 사용하여 전체적 커피 추출 속도가 빠르게 진행 될 수 있게 유도 하는 것이 좋다. 너무 가는 분쇄의 커피를 사용하였을 경우 미분의 교반 작용으로 인한 필터 흡착으로 추출이 늦어지며 추출이 완료된 커피의 맛에도 텁텁한 맛이 느껴 질 수 있다.

② 뜸들이기
하리오 추출 시 뜸들이기 방식은 칼리타와 같으나, 다른점은 원추형 드리퍼의 특성상 물을 주입하였을때 필터의 아랫부분 커피까지 물이 충분히 적셔지지 않고 바로 드리피의 리브(rib)를 타고 물이 서버로 떨어질 수 있다. 그러므로 커피표면을 고루 적실 수 있게 나선형으로 물을 주입하며, 40초 정도 충분히 뜸들이기를 한다.
충분한 뜸이 완성되지 못한 상태로 추출이 시작되면 아랫부분에 젖지 않은 커피의 2차뜸이 진행되며, 추출 시 원활한 물의 흐름에 방해가 될 수 있다.

③ 추출
뜸들이기 과정이 끝나면 칼리타와 같은 방식으로 나선형을 그리며 중심부에서부터 밖으로 물을 주입하며 다시 밖에서 안으로 들어오기를 반복 한다. 이때 한번에 많은 물주입으로 인한 분쇄 커피가루의 교반작용이 발생하는 것을 주의 하고 적정 물줄기를 유지하며 원하는 커피 추출량이 한번에 나올 수 있게 물 주입을 멈추지 않고 추출을 완료한다.

Chapter 1. 커피 추출 운용

④ 추출 마무리

추출 후반부에는 미분커피가 필터에 흡착되어 드리퍼 안쪽으로 많은 양의 물이 고여있을 수 있으나 원하는 커피의 추출량이 완료 되었을 때는 드리퍼 안쪽에 남아 있는 물이 모두 배출되기를 기다리는 것보다는 추출을 멈추고 드립퍼를 서버로부터 제거해 준다.

(4) 멜리타 Melita 식 드립

① 분쇄된 원두를 종이필터에 담기

멜리타 드리퍼의 추출구가 작고 하나 이므로 추출시 분쇄커피가 다른 드리퍼 보다 물에 잠겨 있는 시간이 길어진다. 따라서 칼리타 드리퍼를 이용 할 때보다 다소 굵은 분쇄(0.7mm~0.8mm)를 이용하는 것이 좋다. 분쇄 커피는 드리퍼에 필터를 장착 후 계량스푼을 이용하여 담아주고, 윗면이 고르고 평평하게 담아 물의 흐름이 원활하게 한다.

② 뜸들이기

뜸들이기 물주입은 나선형을 그리며 중심부에서 바깥쪽으로 커피 표면이 고루 젖을 수 있게 가는 물줄기를 유지하며 필터의 가장자리쪽으로 직접 물이 닿지 않게 주의한다. 커피번이 최대 크기로 부풀어 가라앉기 까지의 30초 정도 추출전 뜸들이기 한다. 뜸들이기 과정에서 필터의 가장자리 쪽으로 직접 물이 닿아 흘러 내렸을 경우 립(Rib)을 타고 주입된 물이 바로 서버로 내려갈 수 있으며 이러한 경우 추출커피가 다소 밋밋해 질 수 있으며 필터의 안 좋은 맛들이 커피에 배어 나올 수 있으므로 주의한다.

③ 추출

뜸들이기가 완성 되면 커피번의 중심부에서 작은 원을 그리며 나선형 모양을 띠며 물을 주입한다. 추출구의 수가 적어 추출 속도가 느리기 때문에 가는 물줄기를 유지하며 중심부에서 바깥쪽으로 다시 밖에서 안으로 물을 주입한다. 이때 물이 주입된 길에 계속해서 물을 주입하였을 경우 드리퍼 안쪽에 물길이 생겨 정상 추출보다 빠른 추출이 이루어 질 수 있으며 분쇄 커피의 고른 확산 작용에 방해가 될 수 있으므로 안에서 밖으로 물을 주입 할때는 물 주입을 촘촘히 고르게 해주며 다시 밖에서 안으로 들어올 경우에는 넓고 빠르게 회전을 주며 물을 주입 해주는 것이 좋다. 정상적인 멜리타 추출방식은 추출 횟수를 두지 않으며 추출량이 완료 될 때까지 한번의 물 주입으로 추출을 끝내는 방식을 이용하지만 추출 중 드리퍼에 물이 차 오를 경우 드리퍼 안쪽에 분쇄 원두가 물에 뜨는 교반 현상이 발생 할 수 있으므로 과도한 물 주입시 추출 횟수를 두어 교반작용을 방지하는 것이 좋으며 분쇄 원두량이 많아지면 물 주입량을 줄이고 추출 횟수를 늘리도록 한다.

④ 추출 마무리

추출 후반부 적정 커피량의 추출이 완료되면 드리퍼 안쪽에 남아 있는 물이 있더라도 추출을 멈추고 드리퍼를 서버로부터 제거해준다.

Chapter 1. 커피 추출 운용

(5) 융·플란넬 드립 Plannel 식 드립

융은 플란넬(Plannel)이라는 천의 일종으로 넬(Nel)드립이라고도 한다. 융은 팽창이 원활하며, 커피의 불용성분이 잘 추출되고 지방 성분을 흡착하지 않아 커피의 바디감(Body)을 높여 준다. 융의 특성상 지방 성분이 융의 돌기인 유두부분을 감싸 맛을 유화시켜 커피의 뒷맛을 상당히 부드럽게 느껴지도록 하는 장점을 지니고 있다. 융 내부가 모직의 원추형으로 되어있어 추출속도가 다른 핸드드립 기구에 비해 느리다.

융 필터는 사용 후 미온수로 세척 후 차갑고 깨끗한 물에 담가 밀폐용기에 냉장 보관한다.

▶ 융 드립 추출 방법

1. 재료 준비 : 융은 사용하기 전 마른 수건으로 물기를 제거한다.
2. 융 필터에 분쇄한 원두를 2인분 25g정도 넣는다.
3. 뜸 들이기 - 뜸을 줄 때 중심부에 동전 크기 만큼 물을 부어준다.
4. 커피가 진하게 떨어져야 한다.
5. 중심 → 외곽 → 중심으로 나선을 그려주며 추출을 한다.
   물줄기를 가늘게 하도록 한다. 이 때 융 필터에 물이 직접 닿지 않도록 주의한다.
6. 표면의 거품이 가라앉지 않도록 주의하며 물을 부어준다.
7. 2인 기준선까지 커피가 추출되면 거품이 가라앉지 않도록 유지하며 추출을 마무리한다.

Chapter 1. 커피 추출 운용

3. 침지식 커피 추출하기

1) 사이폰 추출하기

사이폰의 구조

사이폰(Siphon) 커피는 하단의 플라스크(Flask) 볼에 물을 넣고 끓여서 증기의 압력에 의해서 진공관을 따라 분쇄된 원두가 들어있는 상단의 볼로 올라가게 된다. 그런 후 불을 끄면 하단의 플라스크(Flask) 속에는 공기가 냉각되면서 진공상태에 의해 윗 플라스크의 커피를 빨아들이게 된다. 이렇게 진공상태로 빨려들어 가는 가운데 필터에 의해 커피만 걸러져 추출된다. 증기의 압력, 물의 삼투압 현상을 이용해 추출하는 진공식 추출 방식으로, 1840년 해양학자인 로버트 나피어(Robert Napier)에 의해 발명되었으며, 일본을 거치면서 사이폰(Siphon)이라는 상표 이름으로 점차적으로 알려지고 있다.

　이 방식은 약간 선도가 떨어진 원두라도 큰 무리 없이 사용할 수 있고 시간이 많이 걸리고 번거로운 편이다. 커피맛이 깨끗하고 상쾌한 커피를 얻을 수 있으나, 제대로 추출이 되지 않으면 커피가 싱겁게 나오고 추출시간이 오래 걸리면 쓴맛이 날 수 있다.
　추출과정에 있어서 생동감 있는 연출효과와 시각적인 효과가 크다. 추출 직후의 온도가 높아 고객에게 바로 제공할 수 있으나, 부피가 크며 가격이 비싼 반면에 재질이 파손 및 분실될 우려가 있어 부품 및 기구 관리가 어렵다.

Chapter 1. 커피 추출 운용

▶ 사이폰 추출 방법

준비물 : 분쇄한 원두 약 25g, 물 250g, 알코올램프

1. 필터를 돌려 상하를 분리한 후, 여과지를 고정대 사이에 장착하고 조립한다.
   필터를 상부 로드에 넣고 긴 유리관 아래 고리를 당겨 장착한다.
2. 기구에 뜨거운 물을 부어 충분히 예열해 둔다.
3. 하부 플라스크에 표시가 있는 쪽이 앞부분이며 보통 2인분이 선이 그어져 있는데, 표시 부분까지 뜨거운 물을 붓는다(보통 원두의 10배 분량의 물). 하부 플라스크 외면의 물기를 마른 행주로 제거해야 한다. 이 부분은 불에 직접 닿는 부분이므로 물기가 있는 상태에서 가열시 플라스크가 깨질 우려가 있으므로 주의한다. 알코올 램프에 불을 켜서 가열한다.

4. 물이 로드로 올라가 원두를 적셔 과다 추출되지 않도록 물이 끓어오를 때까지 완전히 결합하지 않고 로드를 플라스크에 비스듬히 걸쳐 놓는다.
5. 물과 커피가루가 균일하게 접촉할 수 있도록 수평이 되게 분쇄한 원두를 상부 로드에 넣는다.

Chapter 1. 커피 추출 운용

6. 플라스크 용기에 담긴 물이 큰 방울이 올라오면서 끓으면 로드와 플라스크를 정확하게 장착 한다. 완전히 밀폐 되어야만 수증기압이 생겨 물이 역류할 수 있다.
7. 플라스크의 물이 올라가는 것을 관찰한다.
8. 압력이 물을 밀어 올려 원두가 수면 위로 떠오르면(물이 커피가루의 2배 정도) 커피 성분이 고르게 추출 될 수 있도록 하기 위해 나무스틱을 이용하여 잘 저어준다(교반). 이때 하부 플라스크에 물이 없는 상태에서 계속 가열하면 터질 수 있으므로 물이 완전히 없어지지 않게 조심한다.
9. 스틱으로 저어 준 후 알코올 램프의 뚜껑을 닫거나 불 조절이 가능한 열원인 경우 화력을 줄여 20초-1분 정도 추출을 유지 한다.
   점차 커피 가루, 커피 추출액, 거품의 3개 층으로 분리되기 시작하면 불을 완전히 끄도록 한다.
10. 열원을 제거하면 하부 플라스크가 식으면서 플라스크 안의 기압이 낮아져 안에 있던 수증기가 응축 되면서 하부 플라스크로 내려오게 된다.
11. 커피 액이 모두 내려온 다음 거품 형성이 일어나면, 커피가 다 추출 된 것이므로 손잡이를 잡고 상부 로드를 힘 있게 전후좌우 움직여 주면 쉽게 분리할 수 있다.
12. 예열된 잔에 추출된 커피를 담는다.

Chapter 1. 커피 추출 운용

2) 더치 추출하기

네덜란드인에 의해 개발된 워터드립(Water Drip)은 더치 커피(Dutch Coffee)라고도 한다. 더치 커피는 약 20℃의 물로 2~3초에 한 방울씩 추출하는 방법으로 원두의 양과 물의 양에 따라 맛과 카페인량이 다르며 원두의 분쇄도와 물맛이 매우 중요하다.

부드러우면서도 짙은 과일향기와 그윽한 맛이 커피 원액 속에 오래 남아 있는 것이 특징이며 다음 결과와 같이 원두 100g이 대략 물 200ml 정도를 필요로 하며 약 3시간이 소요된다.

원두	100g			
물	400ml	600ml	1000ml	1400ml
추출된 더치커피량	200ml	400ml	800ml	1200ml
추출시간	약 3시간 소요	약 4시간 소요	약 6시간 소요	약 8시간 소요

초기에 커피성분이 집중적으로 나오고 시간이 경과할수록 줄어들기 때문에 물 희석을 통해 커피의 농도를 비슷하게 맞춘다. 원두 100g으로 400ml의 더치원액을 추출하여 물 1,200ml로 희석한 더치커피에서 가장 좋은 맛이 나온다고 본다.(배전도에 따라서 달라질 수 있다.)

물의 온도는 20도, 추출수율은 약 20%이며 물을 희석했을 때 커피농도는 1.1% 전후 정도이다.

"더치커피란 말은 일본인들이 만든 상업용 전설이라는 설도 있으며, 해외에서는 '더치커피'보다는 찬물에 우려낸다는 뜻의 'Cold Brewing'으로 불리며, 아예 커피가루를 찬물에 담가서 장시간 우리는 (Steeping) 방식이 많이 사용된다.

더치커피의 특징은 무엇보다 추출시간에 있다. 상온의 물이 천천히 커피가루를 적시면서 추출하기 때문에 짧게는 3~4시간, 길게는 12~24 시간이 걸린다. 낮은 온도에서 오랫동안 추출되기 때문에 화려한 향기는 잃었지만 기존 커피와는 다른 부드럽고 독특한 향미를 갖는다.

일반적으로 높은 온도로 추출된 커피는 그 자리에서 마시므로 커피가 식으면서 본연의 향미가 반감되나 더치커피는 처음부터 저온추출이 이뤄지기 때문에 맛의 변화가 거의 없고 바로 마시기보다는 3~4일 정도의 숙성기간을 거치면 향미가 더욱 깊어진다.

병에 더치커피를 냉장 보관하면 저장도 편리하지만 세균의 번식이 문제가 될 수도 있다.

Tip

워터드립 기구는 용량에 따라 종류와 디자인이 여러 종류로 개발되어 있다.

Chapter 1. 커피 추출 운용

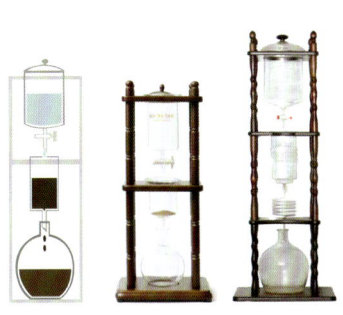

메뉴	콜드브루 커피	콜드브루 라떼
재료	콜드브루 커피 150ml, 차가운 물, 얼음 11개	콜드브루 150ml, 우유 또는 크림
만드는 법	① 준비된 잔에 차가운 물과 얼음을 넣은 후 콜드브루 커피를 부어준다. ② 설탕시럽과 같이 서빙한다.	① 준비된 잔에 차가운 우유와 얼음을 넣은 후 콜드브루 커피를 부어준다. ② 설탕시럽과 같이 서빙한다.

4. 기타 추출

1) 이브릭 추출하기

이브릭은 커피를 추출하는 방법 중 가장 오래 된 추출 기구이다. 터키식 추출기구인 이브릭은 아랍 문화권에서는 지금도 사용되고 있다. 여과를 하지 않고 커피와 물을 함께 끓여 마시기 때문에 바디감이 강하고 입에 커피 찌꺼기가 남게 된다. 그러므로 이브릭 조리방법의 커피 입자는 에스프레소보다 더 가늘게 분쇄하여야 하며 추출 전후에 취향에 따라 설탕이나 향신료를 넣어 먹기도 한다.

▶ **이브릭 추출 방법**

준비물 : 이브릭, 분쇄된 원두 10g(1인 기준), 물 40g

1. 이브릭에 분쇄 원두와 물을 함께 넣는다.
2. 불에 직접 올려놓고 끓인다.
3. 거품이 생겨 넘치려고 할 때 이브릭을 위로 올려 가열을 중지하고 거품이 가라앉기를 기다린다. 이런 과정을 세 번 정도 반복한다.
4. 불을 끈 후 잠시 두었다가 원두가루가 바닥에 가라앉으면 예열해둔 작은 잔에 따라 마신다.

Chapter 1. 커피 추출 운용

2) 프렌치프레스

커피나 차를 추출 할 때 사용하며 티 메이커(Tea-Maker), 플런저(Plunger), 멜리오르(Melior)라고도 불린다. 커피의 많은 성분이 추출되어 바디가 강한 커피를 추출할 수 있다. 물과의 접촉 시간이 길기 때문에 강배전한 원두가 적합하고 분쇄입자는 굵게 한다. 1930년대 이탈리아에서 개발되었으나 2차 세계대전 이후 프랑스에서 홈 커피 메이커로 많은 사랑을 받게 되었다.

▶ 프렌치 프레스 추출 방법

1. 프렌치 프레스에 더운 물을 넣어 잠시 예열해 둔다.
2. 예열된 프렌치 프레스에 프렌치 프레스용으로 분쇄된 원두를 넣는다.
   (원두 1인분 기준 10g=계량스푼 1스푼)
3. 95℃ 정도의 물을 커피가 잠기도록 부어준다. (1인분 기준 180ml)
4. 긴 스푼으로 커피와 물이 잘 섞이도록 저어준 후 그대로 두어 뜸을 들인다.
5. 추출할 분량의 물을 추가적으로 부어준 후 뚜껑을 닫아 둔다. (1인분 기준 180ml)
6. 약 4분 후 커피가루가 떠오르지 않도록 프레스를 천천히 끝까지 눌러준다.
7. 커피 찌꺼기가 떠오르지 않도록 잠시 둔 후 예열한 잔에 담는다.
   (마지막 따를 때도 찌꺼기가 함께 나오지 않도록 끝까지 따르지 않도록 한다)

Chapter 1. 커피 추출 운용

3) 가정식 에스프레소 추출기(모카포트)

모카포트 구조

이탈리아에서는 총칭 Macchinetta라고 부르며 1933년 알폰소 비알레티(Alfonso Bialetti)에 의해 탄생한 가정용 에스프레소 추출기를 모카포트라 한다.

에스프레소를 쉽게 추출할 수 있게 만든 가정식 에스프레소 머신으로 불에 직접 올려놓고 가열하는 직화식(直火式)이며 이탈리안 스토브 톱(Italian Stove-Top)으로도 불린다. 모카포트는 추출압력이 낮아 크레마가 잘 형성되지 않는데 이것을 보완하기 위해 추출 구에 압력밸브를 달아 크레마 형성을 용이하게 만들기도 한다. 분쇄된 원두를 필터바스켓에 넣고 하단 포트에 물을 넣은 뒤 가열하면 물이 끓을 때 수증기의 압력(약2~3기압)으로 에스프레소가 추출된다.

▶ 모카포트 추출 방법

1. 하단 포트에 물을 압력밸브 아래까지 채워 넣는다.
2. 필터 바스켓에 물기가 없도록 잘 닦아준 후 분쇄된 원두를 담고 스푼의 뒷면으로 살짝 다져준다.
   (과도하게 다져질 경우 증기가 물을 밀어내지 못하고 밸브를 통해 배출 될 수도 있으니 주의해야 한다.)
3. 상하 포트를 잘 돌려서 단단히 닫는다.
4. 불 위에 올리고 중불을 사용하여 3분 정도 끓인다.
5. 추출이 끝나면 측면에 있는 압력 밸브에서 김빠지는 소리(치익치익)가 나게 되고 추출을 마친다.

Chapter 1. 커피 추출 운용

제2절 커피 추출 관능 평가하기

01 미각

맛은 혀의 표면에 있는 미뢰(味蕾, 수십개 의 미각세포)의 미각신경이 주로 화학적인 자극을 받아 일어나는 감각이다.

 미각 중에서 네 가지 기본 맛(Four Basic Tastes, 4대 원미)은 단맛, 짠맛, 신맛, 쓴맛의 네 가지가 기본 맛이며 커피를 마실 때나 마신 후에도 느껴진다.

| 네 가지 기본 맛 Four Basic Tastes |

맛	원인 물질
단맛	환원당, 캐러멜당, 단백질
짠맛	산화칼륨
신맛	클로로겐산, 옥살릭산, 말릭산, 시트릭산, 타타릭산
쓴맛	카페인, 트리고넬린, 카페익산, 퀴닉산, 페놀릭화합물

1. 단맛

1) 단맛을 내는 일반적인 원인물질

① 설탕을 비롯하여 포도당, 과당, 맥아당, 젖당 등의 당류
② polyhydric alcohol류
③ 방향족 아민류, 방향족 니트로 화합물류
④ 납의 염류
⑤ 아미노산류 : D-tryptophan, D-histidine, D-phenylalanine, D-tyrosine 등
⑥ 감초등 다년초류 : 인공 감미료 성분

2) 커피의 단맛 성분

① 환원당
 설탕으로의 환원력이 없고 아미노산 등과 화학반응을 일으켜 갈색물질을 쉽게 만들어 갈변하는 원인이 된다. 알데히드기나 케톤기를 갖고 있는 당류로서 펠링 용액을 환원시킨다 해서 환원당이라 한다. 설탕(자당)을 제외한 단당류, 이당류는 모두 환원당에 해당된다.(포도당, 과당, 맥아당)

Chapter 1. 커피 추출 운용

② 캐러멜당

가열에 의해 캐러멜화한 당을 말한다.

③ 단백질

단백질은 가수분해 하여 아미노산으로 되고, 아미노산의 일부는 단맛을 갖는 것이 있는데 아미노산의 광학 이성질체에 따라 맛이 달라진다.

2. 짠맛

1) 짠맛을 나타내는 일반적인 성분

무기 및 유기 알카리염류의 음이온 NaCl, KCl, NH₄Cl 등이 있으며, 양이온에 의해서는 불쾌하고 쓰며 떫은맛을 내게 된다.

2) 커피의 짠맛 성분

미량의 산화칼륨이 커피의 짠맛을 나타내며 커피의 주된 맛은 아니지만 커피음료에 약간의 짠맛이 없다면 감칠맛을 잃게 되어 맛의 활력을 불러 일으킬 수가 없으므로 커피의 맛을 따질 때 중요하다.

3. 신맛

1) 신맛을 나타내는 일반적인 성분

무기산과 유기산이 있으며, 신맛은 용액 중에 해리되어 있는 수소이온 농도(pH)에 기인한다. 신맛의 정도는 pH와는 정비례하지 않으며, 같은 pH에 있어서 유기산은 무기산보다 신맛이 더 강하다. 유기산은 일반적으로 상쾌한 신맛을 내는 것으로 과일이나 청량음료의 신맛이 미묘한 풍미를 가지는 것은 시드릭산(citric acid), 말릭산(malic acid), 타르타릭산(tartaric acid), 아스코르빈산(ascorbic acid/비타민 C) 등의 유기산에 의한 것이다.

2) 커피의 신맛 성분

커피에 남아 있는 산(酸)의 수소 이온이 혀에 있는 수용 세포에 반응하여 느껴지며, 커피의 신맛은 중요한 인자로 고급커피의 평가시 많이 다루어진다.

상큼한 맛(Acidy)은 중남미와 동 아프리카에서 나는 아라비카 커피의 좋은 품질 특성이나, 시큼한 맛(Sourness)은 불쾌하게 느끼므로 커피의 결점이 된다. 상큼한 맛은 재배지의 고도가 높을수록 풍부하며, 수세 가공한 커피콩이 자연 건조한 커피콩보다 강하다. 자연 건조한 커피콩은 중후함(Body)이 수세 커피콩보다 강하며 상큼한 맛을 억제시킨다. 커피 추출액의 산도(酸度)는 볶음의 정도, 로스팅 방법 그리고 추출 방법에 따라 달라진다. 커피의 pH가 커피의 상큼한 맛과 상관 관계를 가지기도 하고, 적정 산도(Titratable Acidity)가 상큼한 맛과 더 긴밀한 상관 관계가 있기도 하다.

Chapter 1. 커피 추출 운용

3) 볶은 커피의 신맛 성분

지방족산(Aliphaticacid), 클로로겐산(Chlorogenic Acid), 지환식산(Alicycliccarboxylic)과 페놀산(Phenolic Acid)이 있다. 볶은 커피의 산(酸) 함량은 유기산에 기인하며, 푸마르산(Fumaric Acid), 초산(Acetic Acid), 구연산(Citric Acid), 프로피온산(Propionic Acid), 옥살린산(Oxalic Acid), 유산(젖산/Lactic Acid), 피루빈산(Pyruvic Acid), 타타르산(Tartaric Acid) 등도 미량 있다.

산도는 볶음도에 따라 변하며 연하게 볶은 경우의 pH는 낮아서 신맛이 많고 진하게 볶으면 pH가 높아진다. 커피의 pH는 약 6.5 정도로 약산성을 나타낸다

클로로겐산은 아라비카 커피보다 로부스타 커피에 두 배 정도 많이 들어있으며, 로스팅 공정 중 대부분 퀴닉산(Quinic Acid)으로 분해된다. 너무 진하게 볶은 커피나 오래 가열한 추출 커피의 시큼한 맛(Sourness)은 주로 퀴닉산이 너무 많을 때 나타난다.

4) 신맛의 특징

① 신맛은 혀의 가장자리 뒷부분에서 주로 인지된다.
② 과일산은 온도 변화에 따라 영향을 받지 않아 신맛은 온도의 영향을 거의 받지 않는다.
③ 신맛의 표현 : 상큼하다, 쌉쌀하다, 시큼하다, 산뜻하다.

4. 쓴맛

쓴맛은 키니네에서 주로 나타나는 맛으로 싫어하는 맛은 아니며 쓴맛이 전혀 없는 커피는 아무런 개성 표현이 없어 밋밋한 느낌을 주게 된다.

1) 쓴맛을 나타내는 일반 성분

① 알카로이드 alkaloid
식물체에 존재하는 염기성 함질 소물질의 총칭으로써 인체내에서 특수한 약리 작용을 가지며, Caffeine이 대표적인 것이다.

② 배당체
식물체에 널리 분포되어 있고 야채, 과일의 쓴맛의 대부분은 배당체에 의한 것이다.

③ 케톤류 ketone
Hop 암꽃의 쓴맛성분 후물론(Humulone)으로 맥주의 쓴맛 성분이다.

④ 무기염류
무기염류를 구성하고 있는 양이온과 음이온의 직경과 관계있는데 직경이 클수록 강한 쓴맛을 낸다.

Chapter 1. 커피 추출 운용

2) 커피의 쓴맛 성분

① 카페인 Caffein

퓨린(Purine) 염류에 속하며 카페인에 의한 쓴맛은 전체의 10% 정도이나 재배지, 품종에 따라 함량 차이가 크며 씨앗뿐만 아니라 잎에도 소량 함유(나무껍질과 뿌리에는 없음)되어 있다.

카페인은 열에 안정적이어서 130℃ 이상이 되면 일부는 승화하지만 쓴맛을 가지고 있다. 쓴맛의 역할은 단지 다른 맛의 강도를 조절할 뿐이며 질이 낮은 커피나 다크 로스트 커피에서 쓴맛이 지배적으로 느껴진다.

② 트리고넬린 Trigonelline

카페인의 약 25%의 쓴맛을 내며, N-methyl betaine(퀴놀린산)이라고도 하며 커피뿐만 아니라 어패류와 홍조류 등에 다량 함유되어 있다.

아라비카종이 다른 종보다 비교적 많이 함유되어 있다. 열에 불안정하여 로스팅이 진행되면 거의 분해되어 급속히 감소하고 커피에 탄냄새(Nicotinic Acid, N-methylnicotinamide)를 나타낸다.

③ 클로로겐산 Chlorogenic Acid

pH 5일 때 농도 0.4%부터 쓴맛을 느낀다. 클로로겐산의 분해는 로스팅이 진행됨에 따라 증가하며, 피리딘을 포함한 분해 물질들은 커피의 고소한 향기의 생성에 기여한다.

④ 퀴닉산 Quinic Acid

클로로겐산의 분해 생성물로 농도의 20배나 함유되어 있으며 부분적으로 커피의 쓴맛을 나타낸다.

⑤ 퍼퓨릴 알콜 Furfuryl Alcohol

커피의 탄내와 쓴맛을 나타낸다.

3) 쓴맛 Bitterness의 특징

① 쓴맛은 혀의 뒤 부위에 있는 맛 세포에서 주로 인지되며 커피에 들어있는 가용성 고형분에 따라 차이가 있다.
② 커피의 쓴맛은 커피의 추출과 연관되며 커피의 추출 시간은 볶음도, 수분 함량, 물의 온도, 추출 시간 분쇄 입도 그리고 추출 방법에 의하여 달라진다. 쓴맛이 강해지면 커피의 맛을 억제하여 나쁜 영향을 준다.
③ 커피의 쓴맛이 강해지면 신맛은 감소한다.
④ 낮은 온도의 물보다 높은 온도의 물로 추출할 때 쓴맛을 상쇄하는 커피 향기 성분이 많아져서 쓴맛이 낮아진다.
⑤ 쓴맛은 증류수보다 연수(Soft Water)나 경수(Hard Water)로 추출 할 때 감소한다.
⑥ 폴리페놀 성분이 증가하면 카페인의 쓴맛은 약해진다.

Chapter 1. 커피 추출 운용

⑦ 쓴맛은 설탕, 식염, 구연산을 첨가할 때 감소하며, 커피 콜로이드 물질도 일반적으로 쓴맛을 감소시킨다.
⑧ 로부스타 커피는 쓴맛과 떫은맛의 원인이 되는 카페인과 클로로겐산을 많이 함유하고 있다.
⑨ 커피콩의 가공방법은 커피의 향미특성에 많은 영향을 주지만 쓴맛에는 별 영향을 주지 않는다.
⑩ 좋은 쓴맛은 입안에서 자극적이지 않고 목에 그 맛이 오래 남지 않는다. 신선하고 적당한 온도에서 추출된 커피에서는 날카로운 쓴맛은 없으나, 오래된 커피나 추출온도, 추출방법이 적당하지 않으면 날카롭고 자극적인 쓴맛이 목에 남는다.

4) 커피의 쓴맛을 줄이는 방법

① 중간으로 볶은 커피콩은 진하게 볶은 콩보다 산도가 강하고 쓴맛이 적다
② 디카페인 커피는 쓴맛을 약간 감소시키나, "커피스럽지 못하다"라고 느껴진다.
③ 여과식 추출법은 프렌치 프레스 등의 침지식 추출법보다 가용성 고형분이 적어서 상대적으로 쓴맛을 적게 느낀다.
④ 굵게 분쇄하면 쓴맛을 줄이긴 하지만 최적의 추출을 하기 위해서는 적합한 입도로 분쇄해야 한다.

02 후각 Olfaction

후각으로 냄새를 느끼는 메커니즘(Olfactory Mechanism)은 보다 복잡하고 예민하다.
    Henning은 기본적인 냄새로 꽃향기(Flowery), 과일향기(Fruity), 매운 냄새(Spicy), 수지냄새(Resinous) 탄 냄새(Burnt), 썩은 냄새(Putrid)의 6가지를 설정하고, 그 냄새와의 상호관계를 후각프리즘(Smell Prism)으로 표시했다. 한편, 냄새에는 향기(Perfume, Aroma)와 취기(Odor)가 있는데, 두 가지가 경우에 따라서는 구별이 어려울 때가 있다. 치즈냄새가 처음엔 불쾌한 냄새로 느꼈으나 습관화되면 좋게 느껴지는 경우가 대표적인 예다. 기체 상태의 화학 물질에 의해 반응하며 보통 자연 상태에서 생성된 향이나 로스팅 과정에서 만들어진 휘발성 기체물질을 관능적으로 평가하는 것이다. 일반적으로 커퍼(Cupper)는 특정한 향기 자극에 대하여 감각적으로 반응하는 것이 아니라 오랜 경험을 통해 향기에 대한 기억에 의존하는 것이다.
    후각은 가장 예민한 감각기관이기 때문에 일정한 향을 지속적으로 맡으면 둔해진다. 비가 오거나 계절에 따라 외부 내부의 온도와 습도에 따라 불의세기를 조절한다.
    냄새는 다음과 같은 반응에 의해 냄새를 표현한다.

Chapter 1. 커피 추출 운용

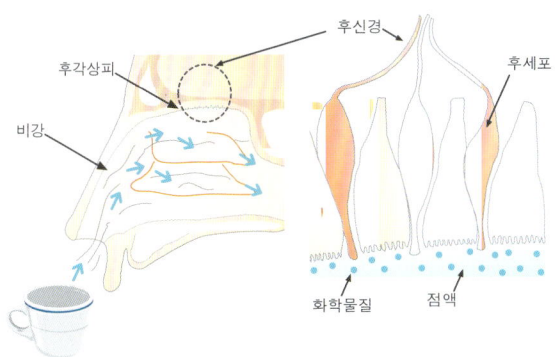

생성원인	종류	세부 항목
효소 작용(Enzymatic by-products)	Flowery	Floral, Fragrant
	Fruity	Citrus-like, Berry-type
	Herby	Alliaceous, Leguminous
갈변 반응(Sugar browning by-products)	Nutty	Nutty, Malty
	Caramelly	Candy-type, Syrup-type
	Chocolaty	Chocolate-type, Vanilla-type
건류반응(Dry distillationby-products)	Turpeny	Resinous, Medicinal
	Spicy	Warming, Pungent
	Carbony	Smoky, Ashy

※ 아래로 갈수록 분자량이 크고 무거워서 휘발성이 약해진다.

1. 냄새의 일반적인 성분

1) 에스테르류 사과, 배, 복숭아, 파인애플

2) 알코올류 Ethyl alcohol(주류), Furfury alcohol(커피)

3) 정유 Essential oil류 menthol(박하)

4) 황화합물 Methylmercaptan(무), Furfuryl mercaptan(커피)

2. 커피의 향기 성분

1) 퓨란 Furans

커피 향기 성분 중 가장 많은 화합물로 커피에 있는 당의 건열분해(Pyrolysis)에 의하여 생성된 카라멜 향기를 나타낸다.

Chapter 1. 커피 추출 운용

2) 피라진 Pyrazines
두 번째 많은 화합물로, 커피의 고소한 향, 호도향, 곡류향, 구운 빵 냄새 등을 나타낸다. 피라진은 티아졸과 함께 가장 낮은 한계의 농도를 가지므로 커피향기의 중요한 부분을 구성한다.

3) 파이롤 Pyrroles
커피의 달콤한 맛, 캐러멜 향, 머슈룸 향 등을 나타낸다.

4) 티오핀 Thiophens
유황 함유 아미노산과 당의 결합 반응에 의하여 생성되며 약한 고기 냄새(Meaty)를 나타낸다.

3. 커피향기의 관능검사법에 대한 설명

1) Free choice profiling법에 의한 data를 이용하는 것이 커피의 향기 특성을 명확하게 특징 지을 수 있다.

2) 각 항목의 판정척도

없음, 상당히 약함, 보통, 강함, 상당히 강함 등으로 판정한다.
Profiling법에서는 panelist가 25항목의 평가용어를 설정한다.

아로마키트

03 촉각 Coffee Mouthfeel, 입안 느낌

촉각(Mouthfeel)은 음식이나 음료를 섭취하거나 섭취한 후 입안에서 물리적으로 느끼는 촉감을 말한다. 입안에 있는 말초신경은 커피의 점도(Viscosity)와 미끈함(Oilness)을 감지하는데 이 두 가지를 집합적으로 바디(Body)라고 표현한다.

진함	약함
지방함량에 따라	Buttery 〉 Creamy 〉 Smooth 〉 Watery
고형성분의 양에 따라	Thick 〉 Heavy 〉 Light 〉 Thin

Chapter 1. 커피 추출 운용

1. 지방 함량에 따른 표현

Buttery	지방 성분이 비교적 높은 수준일 때 느껴지는 입안의 촉감
	에스프레소 커피의 특성
	지방 성분이 커피 섬유질이 섞이면서 나타남
Creamy	지방 성분이 다소 높은 수준일 때 느껴지는 입안의 촉감
	생두 중 지방 성분이 많을 때 나타남
Smooth	지방 성분이 다소 낮은 수준일 때 느껴지는 입안의 촉감
	생두 중 지방 함량이 보통 정도일 때 나타남
Watery	지방 함량이 비교적 낮은 수준일 때 느껴지는 입안의 촉감
	적은 양의 커피를 넣고 추출할 때 흔히 보이는 특성

2. 고형성분의 양에 따른 표현(섬유질이나 불용성 단백질)

Thick	비교적 많은 고형 성분이 있을 때 느껴지는 감각
	에스프레소 커피의 대표적 특성
	섬유질이나 불용성 단백질이 많을 때 나타남
Heavy	고형 성분의 양이 어느 정도 많을 때 느껴지는 감각
	커피 추출액에 섬유질과 불용성 단백질이 많을 때 나타남
Light	고형 성분이 비교적 낮을 때 느껴지는 감각
	섬유질이나 불용성 단백질을 감지할 정도로 있을 때 느껴짐
	커피 양을 적게 넣고 추출한 커피에서 잘 느껴짐
Thin	고형성분이 매우 적을 때 느껴지는 감각
	섬유질이나 불용성 단백질이 아주 미세하게 느껴짐
	적은 커피 양으로 페이퍼 드립 시 자주 나타남

Chapter 2
커피 테이스팅

제1절 | 커피 테이스팅 준비하기
제2절 | 커피 테이스팅 하기
제3절 | 커피 테이스팅 결과 정리하기

Chapter 2. 커피 테이스팅

제1절 커피 테이스팅 준비하기

커피에 대한 품질 평가는 생두를 생산하는 산지와 커피를 즐기는 소비지에서 각각 목적에 맞게 진행된다. 산지에서의 생두의 품질을 평가 '커핑(cupping)'하여 소비지에서 커피애호가들에 의해 완성된 한 잔의 커피에 대한 '커피 테이스팅'을 진행하는 것이다.

1. 필요한 도구

① 로스팅 준비 : 샘플 로스터, 아그트론(또는 색도 측정기), 그라인더
② 주변 환경 : 밝고 청결한 곳, 방해되는 냄새가 없는 곳, 조용한 곳, 온도가 적절한 곳, 전화기 등 산만한 요인이 없는 곳
③ 커핑 준비 : 커핑 테이블, 저울, 커핑잔 & 뚜껑, 스푼, 온수기, 커핑폼(cupping form, cupping sheet), 클립보드, 필기 도구

2. 샘플 준비

① 로스팅	커핑을 하기 전 24시간 이내 커피를 볶아 최소 8시간 일산화탄소와 이산화탄소 등 로스팅 과정에 발생한 가스를 날리기 로스팅 시간 : 8~12분, 로스팅 정도 : 라이트(light)~라이트 미디엄(light/medium) 로스팅 정도 측정 시기 : 커피를 볶은 지 30분~4시간 범위에서 실시 아그트론 수치 : 원두(Whole bean) 58±1, 분쇄한 상태(Groune bean) 63±1
② 분쇄	커핑을 실시하기 전 15분 이내의 범위에서 진행. 모든 분쇄 입자의 70~75% 정도가 미국 표준 20번 screen 을 통과하는 가는(fine ground) 굵기이다. 이는 종이필터 드립 추출에 사용하는 커피의 분쇄도보다 약간 굵은 정도인데, 이렇게 분쇄 표준을 정하는 것은 추출 수율이 18~22%의 범위에 들도록 하기 위한 조치
③ 물	커피가루 8.25g : 물 150ml(약 5oz), 즉 비율이 1:18 이다. 이 비율로 커피가루의 성분을 추출하면 가용성 성분의 농도가 1.1~1.3%가 된다. 컵의 크기에 따라 커피가루의 양은 ±0.25g 범위에서 조절해 8~8.5g을 사용할 수 있다. 커핑에 사용되는 물은 깨끗하고 냄새가 없어야 하며 증류수(Distilled)나 연수(Softened)는 사용하지 않는다. 이상적인 총용존고형물(TDS: total dissolved solids)은 125~175ppm (100ppm보다 낮거나 250ppm을 초과해선 안 된다.) 물이 커피가루에 닿을 때 신선한 물을 끓여 대략 섭씨 93℃일 때 붓는다. 물을 분쇄가루에 직접 붓되 가장자리로 움직이면서 가루 전체가 고르게 젖도록 한다. 물을 붓고 3~5분 건드리지 않고 그대로 둔 뒤 평가를 진행한다.
④ 컵	컵의 재질로는 강화 유리나 도기가 적절하며 용량은 5~6oz(150~180ml)인 것을 사용한다. 컵의 지름은 3~3.5인치(7.6~8.9cm)이며 샘플 당 5개의 컵이 필요하다. 샘플을 컵마다 따로 담아 무게를 재고 개별적으로 분쇄한다.
⑤ 스푼	크기는 한 스푼에 4~5ml의 커피액을 담을 수 있는 것이 좋으며 열 전달이 좋은 재질을 사용한다. (은스푼을 선호하는 경향이 있다.)

제2절 커피 테이스팅 하기

1단계: 향(Fragrance/Aroma)
2단계: 향미(Flavor), 여운(Aftertaste), 산미(Acidity), 바디(Body), 균형감(Balance)
3단계: 단맛(Sweetness), 균일성(Uniformity), 깨끗함(Cleanliness)
4단계: Scoring

1단계	① 분쇄한 커피를 5개의 컵에 8.25g씩 담는다. ② 평가를 시작하기 전까지 뚜껑을 덮어 향기가 소실되지 않도록 노력한다. ③ 커피를 분쇄한 지 15분이 초과하지 않도록 노력한다. ④ 뚜껑을 열고 마른 가루(Dry fragrance)를 킁킁거리며 향기를 맡는 스니핑(Sniffing) 방식으로 평가한다. ⑤ 물을 붓고 최소 3분~최대 5분간 크러스트(Crust) 상태로 둔다. ⑥ 약속한 시간(3~5분)이 지나면 브레이킹(Breaking)을 한다. 스푼으로 크러스트를 3번 밀쳐내면서 차분히 스니핑 방식으로 젖은 향(Wet aroma)을 평가한다. ⑦ 점수를 매긴 뒤 Dry/Wet 항목에 평가한다.
2단계	① 물을 부은 지 8~10분 지나 샘플의 온도가 71℃에 근접할 때 커피액(Lipuor)에 대한 평가를 시작한다. 비강의 후각점막세포가 증기를 감지하기 가장 좋은 온도이다. ② 커피액을 흡입하기 위해 컵 표면의 거품을 스푼 2개를 이용해 조심스럽게 걷어낸다. ③ 혀와 입천장(Palate)을 되도록 많이 덮을 수 있도록 커피액을 강렬하게 역분사(Slurping)한다. 샘플이 식어감에 따라 여러 온도에서 같은 방식으로 2~3회 평가를 실시한다. ④ 먼저 flavor와 aftertaste를 평가한다. 커피액의 온도가 60℃에 근접하면 acidity, body, balance 항목을 평가한다. Balance는 Flavor, Aftertaste, Acidity, Body가 시너지 조합(Synergistic combination)을 이루는지에 대해 주관적으로 평가를 내리는 항목이다. *표기 요령 : 16점 척도의 체크표시(tick-mark)에 동그라미를 한다. 이평가를 바꿔야 한다면 가로 척도의 다른 부분에 또 동그라미 표시를 한다. 최종 결정되는 동그라미 쪽으로 화살표를 그으면 평가가 변한 과정도 알 수 있다.
3단계	① 물의 온도가 약 37℃가 되면 seweetness, uniformity, clean cup 항목을 평가한다. ② 컵마다 개별적으로 평가해 2점씩 최대 10점을 부여한다. ③ 커피액의 온도가 21℃에 이르면 평가를 종료한다. ④ 속성 전체를 평가한 점수 (Overall score)를 토대로 주관적인 평가도 내려 '커퍼 점수(Cupper's Points)'에 표기한다.
4단계	① 샘플 평가를 마친 뒤 합산한다. ② 합산한 점수를 오른쪽 위 'Total Score' 박스에 적는다. ③ 디펙트를 감점 처리한 뒤 최종 점수는 'Final Score'의 박스에 적는다.

Chapter 2. 커피 테이스팅

제3절 커피 테이스팅 결과 정리하기

01 평가지표 내 항목별 평가 요령

① 긍정적인 속성(Positive attribute)의 2가지 체크표시 척도(tick-mark scales)
  - The vertical (up and down)/세로(상하)척도 : 관능 요소의 강도를 측정(정량적).
  - The horizontal (left to right)/가로(좌우)척도 : 관능 요소의 품질을 측정(정성적).

② Fragrance(마른 상태) : 물을 붓기 전 컵에 든 분쇄가루를 스니핑(Sniffing)해 평가한다.

③ Aroma(젖은 상태) : 크러스트를 깨는 동안 발산하는 향이나 물에 잠긴 커피의 향을 스니핑해 평가한다.
  - 퀄리티(Quality) 항목 : 특정한 향(Specific aromas)을 구체적으로 적는다.

④ Flavor : 미각과 후각이 동시에 작용하는 관능적 정체성이다. 첫 인상인 아로마에서 산미를 거쳐 여운에 이르는 과정에서의 '중간적 미감'이라고도 표현한다. 미뢰(taste bud)와 입에서로 코로 통하는 후각 점막 세포가 감지하는 아로마가 어우러지며 주는 관능적 인상이다. 혀가 느끼는 맛과 후각이 느끼는 향기의 강도, 품질, 복합미 등을 모두 고려해 평가한다.

⑤ Aftertaste : 플레이버(미각과 후각의 조합)의 긍정적 면모가 얼마나 오래 유지 되는가(The length of positive flavor)를 측정해 표기하는 항목이다. 입천장 뒤편에서 감지된다. 커피를 뱉거나 삼킨 후 남아 있는 긍정적 향미의 지속시간이다. 여운이 짧거나 불쾌하다면 낮은 점수를 준다.

⑥ Acidity : 신맛의 퀄리티는 원산지와 볶음도, 사용 목적 등 다른 요소들을 감안해 평가한다.
  케냐 커피처럼 신맛이 많이 날 것으로 예상되거나 수마트라카피처럼 신맛이 많이 않을 것으로 예상되는 커피들은 강도 평가가 다를지라도 각각 높은 선호도 점수를 받을 수 있다.
  - 산뜻함(brightness) : 슬러핑 하자마자 단맛과 신선한 과일의 특성이 동시에 살아남.
  - 시큼함(sour) : 지나치게 강하거나 압도적인 불쾌한 신맛. 과도한 신맛(Excessive acidity)

⑦ Body : 혀와 입천장 사이에서 감지되는 촉감. 바디가 강한 수마트라 커피와 바디가 낮은 멕시코 커피는 비록 강도 평가가 다르다 해도 선호도 점수는 똑같이 높을 수 있다.
  - Heavy Body : 추출 콜로이드와 자당(brew collids and sucrose)이 영향을 준다.
  - Light Body : 묵직하지 않아도 입안에서 좋은 느낌을 내 높은 점수를 받을 수 있다.

Chapter 2. 커피 테이스팅

⑧ Balance : 향미, 여운, 신맛, 바디 등의 요소들이 어떻게 어우러지는가를 평가한다. 서로 보완하는지 대조를 이루는지를 살핀다. 특정 향이나 맛 속성이 부족하거나 압도적이라면 낮은 점수를 받는다.

⑨ Sweetness : 단맛 뿐 아니라 기분을 좋게 하는 충만한 향미(Sweetness refers to a pleasing fullness of flavor as well as any obvious sweetness)를 의미한다. 탄수화물이 원인 물질이다. 이 속성을 보여주는 컵에 2점씩 부여한다. 단맛은 직접적으로 감지하지 못하는 상황이라도 다른 향미 속성들에 영향을 미친다. 향미적으로 단맛의 반대는 시큼(sour), 떫음(astringency), 풋내(green) 등이다.

⑩ Clean cup : 풀어서 표현하면 'Transparency of cup(투명성)'이다. 입에 댈 때부터 여운에 이르기까지 부정적인 면이 끼어있지 않는 정도를 평가한다. 마시는 순간부터 삼키거나 뱉어내기까지의 총체적인 향미 경험을 종합해 평가한다. 커피답지않은 향미가 있는 컵은 개별적으로 실격처리하고, 클린컵의 속성을 보여주면 2점을 부여한다.

⑪ Uniformity : 샘플을 담은 컵마다 향미의 일관성(Uniformity refers to consistency of flavor of the different cups of the sample tasted)을 평가한다. 각각의 컵에서 다른 맛이 나면 낮은 점수를 준다. 같은 향미적 속성이 나는 컵에 2점씩 부여한다. 다섯 개의 컵이 모두 같으면 10점을 준다.

⑫ Overall : 통합 평가에서 평가자의 개인적 선호도를 반영하는 항목이다. 요소별 점수가 좋더라도 종합했을 때 그다지 인상적인 향미를 느낄 수 없었다면 낮은 점수를 준다. 원산지의 특성을 잘 반영하고 특정한 향미가 기대치를 충족시켜 주면 높은 점수를 준다. 속성의 개별 점수로 충분한 점수를 부여하지 못했다고 생각하는 부분을 총괄에서 이른바 '가점'을 줄 수 있는 항목이다.

⑬ Defects : 커피의 품질을 떨어뜨리는 부정적이거나 나쁜 향미(off-flavor)가 있을 때 감점을 하는 항목이다. 먼저 taint인지, fault인지를 분류한다. 시큼(sour), 고무내(rubbery), 발효취(ferment), 페놀(phenolic) 등 기술어를 적는다. 결함이 드러난 컵의 개수에 2 또는 4를 곱하여 총점에서 뺀다.

- Taint(흠) : 나쁜 향미이지만 압도적이지 않은 경우이다. 흔히 아로마에서 감지된다. 강도 항목에서 2점을 감점
- Fault(결함) : 압도적이거나 샘플을 맛없게 만드는 나쁜 향미로서 4점을 감점한다. 흔히 맛에서 감지된다.

Chapter 2. 커피 테이스팅

Le Nez du Cafe by Jean Lenoir

| 커피 아로마 샘플 36종 |

Aromagroup	의미	No.	Aromas	의미	대표품종 / 산지
Earth	땅, 흙	1	Earth	흙	로부스타-베트남, EK1, 에티오피아 하라, 시다모
Vegetable	야채	2	Potato	감자	코스타리카, 콜롬비아 Tolmas, 온두라스
		3	Garden peas	완두콩	브라질 로부스타, 우간다 로부스타, 과테말라
		4	Cucumber	오이	브라질, 콜롬비아, 케냐, 에티오피아 리무
Dry/Vegetal	마른,식물성	5	Straw	짚	브라질, 아이보리코스트, 케냐 키탈레
Woody	나무,수풀	6	Cedar	삼나무	우간다 Bugisu, 에티오피아 리무, 과테말라
Spicy	양념	7	Clove-like	정향 향료류	멕시코, 과테말라, 에티오피아 하라
		8	Pepper	후추	브라질, 짐바브웨
		9	Coriander seeds	고수씨(미나리과)	에티오피아 시다모, 엘살바도르
		10	Vanilla	바닐라	브라질특급, 파푸아뉴기니 시그리
Floral	꽃향	11	Tea-rose/Redcurrant jelly		티로즈/레드커런트, 엘살바도르 Pacamara, 과테말라 특급
		12	Coffee Blossom	커피꽃	콜롬비아, 과테말라, 에티오피아 하라, 자바Fruity과일향
		13	Coffee pulp	커피펄프	발효된 와인냄새 콜롬비아 스페셜티, 케냐AA
		14	Blackcurrant-like	블랙커런트	코나, 코스타리카, 케냐키탈레, 블루마운틴
		15	Lemon	레몬	케냐AA, 콜롬비아, 과테말라, 파푸아뉴기니
		16	Apricot	살구	에티오피아 시다모, 엘살바도르
		17	Apple	사과	콜롬비아, 중남미산 커피Animal동물성
		18	Butter	버터	코스타리카, 콜롬비아, 케냐 아라비카
		19	Honeyed	꿀	파푸아뉴기니, 멕시코 아라비카
		20	Leather	가죽	에티오피아 하라
Toasty	토스트	21	Basmati rice	바스마티 쌀(인도쌀)	엘살바도르, 오스트레일리아, 아이보리코스트
		22	Toast	토스트	콜롬비아 율라(Hulla), 브라질, 우간다 Druga
		23	Malt	맥아, 엿기름	에티오피아 짐마, 콜롬비아 San Augustin
		24	Maple syrup	메이플 시럽	코나, 코스타리카, 콜롬비아 Tolmas, 케냐
		25	Caramel	카라멜	콜롬비아 엑셀소
		26	Dark chocolate	다크 초콜릿	코나, 에티오피아, 짐바브웨, 케냐
		27	Roasted almonds	볶은 아몬드	브라질, 콜롬비아 Boyacas, 에티오피아 리무
		28	Roasted peanuts	볶은 땅콩	케냐키탈레, 짐바브웨
		29	Roasted hazelnuts	볶은 헤이즐넛	콜롬비아 Santa Marta/Tachira
		30	Walnuts	호두	콜롬비아, 과테말라, 파푸아뉴기니 Sign
		31	Cooked Beef	구운 고기	코스타리카, 과테말라, 콜롬비아, 케냐
		32	Smoke	스모크	과테말라, 콜롬비아, 온두라스, 엘살바도르
		33	Pipe tobacco	담배 파이프	브라질, 케냐, 코나-로스팅 과정에서 생성
		34	Roasted coffee	로스팅 커피	엘살바도르, 브라질-갓 볶았을 때
Chemical	화학제품	35	Medicinal	화학약품	브라질, 로부스타-Rio Bean, 강 로스팅 시
		36	Rubber	고무	로부스타

Aromatic taints	: Earthy(흙), Fermented(발효), Phenolic(석탄) 1, 5, 13, 20, 21, 31, 32, 35, 36
Sugar Browning	: Caramelly(캐러멜), Nutty(견과), Chocolaty(초콜렛) 10, 18, 22, 25, 26, 27, 28, 29, 30
Enzymatic	: flowery(꽃향기), Fruity(과일맛), Herbal(허브, 약초) 2, 3, 4, 11, 12, 15, 16, 17, 19
Dry Distillation	: Spicy(향료), Resinous(수지), Carbony (pyrolytic증착) 6, 7, 8, 9, 14, 23, 24, 33, 34

Chapter 2. 커피 테이스팅

▶ SCA 커핑 기록표

SCA Sensory Skills Foundation – Simplified Cupping Form

Name: _____
Date: _____
Station Instructor: _____

Table #

For Foundation Level learning and general analysis. Focus on the cupping protocol and the Flavor Wheel's general categories

| Sample # | Fragrance (Dry) / Aroma (wet) | Flavor / Aftertaste | Acidity | Body | Uniformity (All cups should be uniform) / Balance | Clean Cup (All cups should be clean) / Sweetness (All cups should be sweet) | Overall (On the official form defects are noted and deducted here) |

Notes:

| Sample # | Fragrance (Dry) / Aroma (wet) | Flavor / Aftertaste | Acidity | Body | Uniformity / Balance | Clean Cup / Sweetness | Overall (On the official form defects are noted and deducted here) |

Notes:

| Sample # | Fragrance (Dry) / Aroma (wet) | Flavor / Aftertaste | Acidity | Body | Uniformity / Balance | Clean Cup / Sweetness | Overall (On the official form defects are noted and deducted here) |

Notes:

Chapter 2. 커피 테이스팅

▶ SCAA 커핑 기록표

Chapter 2. 커피 테이스팅

▶ SCAA_Coffee Taster's Flavor Wheel

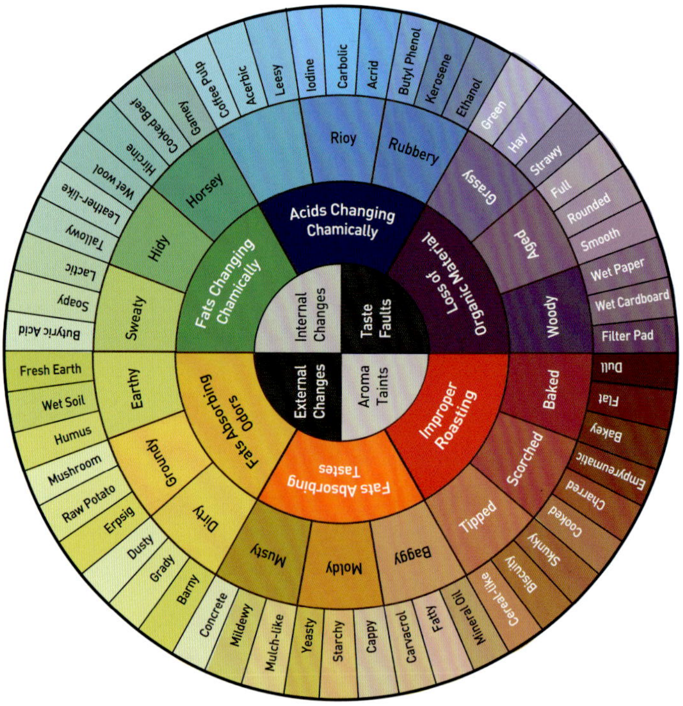

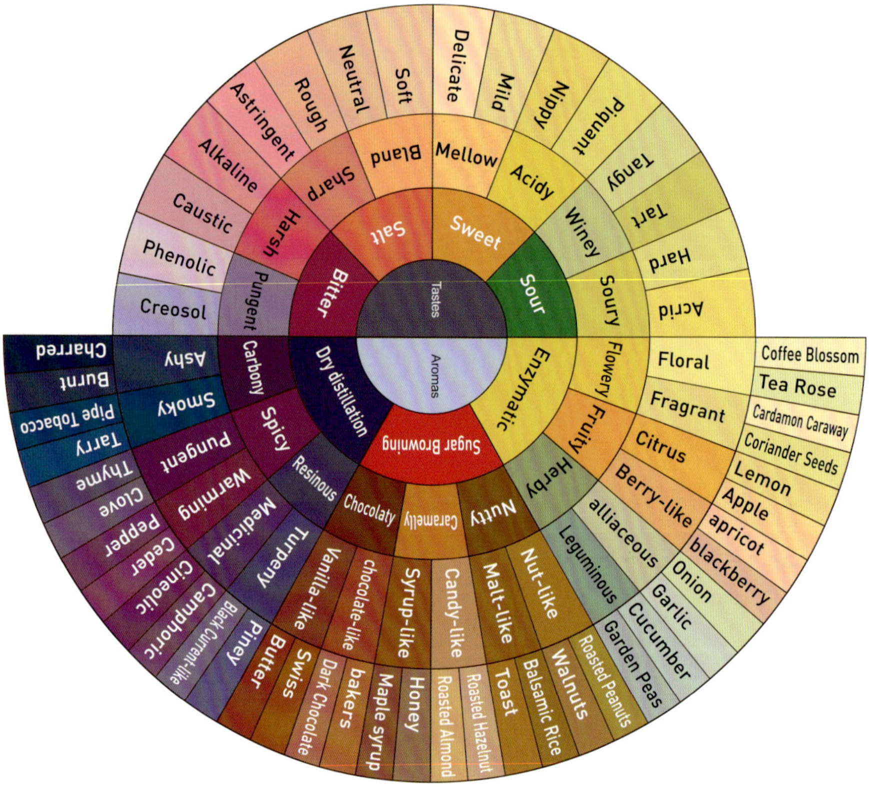

Chapter 2. 커피 테이스팅

▶ SCA_Coffee Taster's Flavor Wheel

Chapter 2. 커피 테이스팅

02 수율 Extraction Yield

수율이란 커피 가루에서 어느 정도 성분이 물로 빠져 나왔는지(**추출됐는지**)를 나타내는 지표이다. 예를 들어 커피 원두 100g을 사용해서 만든 한 병의 커피에 녹아 들어간 성분들이 몇 g인지 안다면 수율은 구할 수 있다. 이를 알기 위해선 물을 모두 날려 보내고 남은 가루의 무게를 측정하면 된다. 가루의 무게가 20g이라면 추출된 커피 한 통의 수율은 20%인 것이다. 이 경우 적정 수율인 18~22% 범위에 들었으므로, 커피를 추출한 방식이 올바르게 진행됐다는 평가를 받는다.

　수율을 측정하기 위해서는 TDS 측정기(TDS meter)를 사용한다. TDS는 총용존고형물(Total Dlssolved Solids)의 약자로, '물 속에 들어있는 고형물질'을 뜻한다.

　오랫동안 TDS 측정기는 전기전도도를 응용한 것을 사용했다. 하지만 이 방식은 고형물질이 많을수록 전기전도도가 가속적으로 증가하는 성향 때문에 오차가 컸다. 이에 따라 VST, Atago 등 시료액의 농도에 비례해 변화하는 굴절도를 측정해 농도를 추정하는 TDS 굴절계(TDS refractometer)가 최근 애용되고 있다. 그러나 굴절 정도를 측정하는 프리즘에 흠집이 나거나 이전 시료물의 흔적이 남은 경우 측정치가 왜곡될 수 있는 단점이 있다.

1. 수율 계산

* 추출 수율(Extraction Yield): 추출에 사용된 커피 가루 중 얼마만큼의 성분이 물로 빠져나왔는지를 나타내는지표(%).
* 추출 농도(Extraction Strength): 커피 안에 녹아있는 고형물(커피 성분)과 물의 비율. 커피 한 잔에 어느 정도의 강도로 고형성분이 들어 있는지를 나타내며 TDS 수치로 표기한다.
* 추출 비율(Brew Ratio): 추출에 사용된 커피 가루의 양 추출에 사용된 물의 비율.

$$\text{추출 수율} = \frac{\text{추출 농도(TDS)}}{\text{추출 비율(Brew Ratio)}} \times 100$$

> **Tip**
>
> 커피 가루 20g을 사용해 물 300g사용하여 커피 한 잔을 만들었다. TDS 측정치는 1.25%이었다.
> 이 커피의 수율은 얼마일까?
>
> ① 추출 비율 = $\frac{\text{커피가루양}}{\text{사용한 물의양}} = \frac{20}{300} = 6.66\%$
>
> ② 커피 수율 = $\frac{\text{추출 농도 TDS}}{\text{추출 비율}} \times 100 = \frac{1.25}{6.66} \times 100 = 18.76\%$
>
> 이 커피의 수율은 적정 범위(18~22%)에 있으므로 '성분이 적절하게 추출됐다'고 평가할 수 있다.

Chapter 2. 커피 테이스팅

2. 추출 농도 Extraction Strength

추출 농도는 커피가 진하냐 흐리냐를 보여주는 지표이다. 추출 수율이 똑같은 커피라도 물을 붓는 양에 따라 농도가 달라질 수 있다. 따라서 한 번 추출된 커피는 물을 붓는다고 해도 수율은 달라지지 않는 것임을 알 수 있다. 물에 추출되어 한 잔에 담기는 커피의 성분에는 TDS 측정기로 측정할 수 있는 고형물 외에 다른 것이 있다. 커피의 성분은 수용성과 불수용성으로 나뉘는데 수용성 성분을 고형물과 기체로, 불수용성 성분은 고형물과 오일로 다시 나누어 볼 수 있다. 이것은 물에 커피성분이 어느 정도 들어 있는지를 TDS 측정기로 정확하게 알아낼 수 있지만, 사실 정확도가 떨어지질 수 있으므로 커피의 맛은 수율 만으로 가늠 할 수 없다. 수율은 처음 추출 조건을 맞출 때 정확한 지점을 알려주어, 어떤 조건에서도 추출의 일관성을 유지할 수 있도록 하는 기준이라고 할 수 있다. 커피를 추출할 때, 수율이 적절하면 고형물(TDS)뿐만 아니라 가용성분(TSS: Total Soluble Solids)과 기체, 오일 등 다른 성분들도 적절하게 추출될 것이다. 커피의 향미는 TDS 수치가 보여주는 고형물질 뿐만 아니라 여러 성분들이 이루는 비율에 따라 달라지는 것이다.

* TDS 측정방법(VST 사용)
① 측정할 커피를 추출한다.
② VST를 켜고 측정 범위를 설정한다.
③ 커피를 조금 식힌 뒤 VST에 방울방울 따른다.
④ 기포나 이물질이 있으면 굴절률에 오차가 생기므로 주의한다.
⑤ 커피 액이 뜨거울수록 TDS가 낮게 나오고, 식을수록 높아지는 경향이 있으므로 측정수치의 변화를 체크한다.
⑥ TDS는 대개 1.15~1.55%가 표시될 때 긍정적인 평가를 받을 가능성이 높다.

3. 커피 브루잉 컨트롤 차트 Coffee brewing control chart

미국의 록 하트(Rock heart) 교수팀이 1950년부터 10여 년간 커피 추출(브루잉)을 연구해 완성한 커피 추출 도표이다. 강도(농도), 추출(수율), 추출 비율 등 3가지 변수의 상호 관계를 하나의 표에 담았다.

추출된 커피 한잔의 고형성분을 퍼센트로 표기한 것이다. 하트교수팀의 연구결과, 선호하는 농도는 미국(1.15~1.35%), 유럽(1.2~1.45%) 등 지역에 따라 달랐다. 노르웨이가 1.3~1.55%로 가장 높은 농도를 선호하는 것으로 나타났다. 흔히 다크 로스팅을 즐기면 농도가 진한 커피를 좋아하고, 라이트 로스팅을 선호하면 연한 커피를 좋아할 것이라고 생각하지만, 수율과 농도의 개념에서 보면 이는 잘못된 선입견이다. 커피 한잔에 담긴 고형성분의 양은 추출에 따라 달라진다. 로스팅에 따라 추출양상이 바뀌긴 하지만 추출 시간, 분쇄도, 물 온도 등에 따라 수율과 농도는 TDS가 2% 이상이면 진하고 쓴맛이 나며, 1% 미만인 경우는 밋밋하다고 느껴진다.

TDS가 높을수록 진하고 맛있는 커피가 되는 것은 아니다. 맛은 TDS가 적절한가보다 다양한 성분들이 조화롭게 추출되느냐에 달렸다. 커피 가루는 73%가 물에 녹지 않는다. 나머지 27%만이 필터를 빠져나와 한 잔에 담기는데, 경험적으로 수율이 18~22%일 때 향미가 비교적 좋다.

Chapter 3
에스프레소 추출

제1절 | 에스프레소 추출하기
제2절 | 에스프레소 관능 평가하기

Chapter 3. 에스프레소 추출

제1절 에스프레소 추출하기

01 에스프레소의 특징

1. 에스프레소의 정의

에스프레소(Espresso)는 빠르게 추출하는 이탈리아식 커피를 말하며 영어로 Express를 의미한다.

[에스프레소의 추출 범위]

요소	내용	요소	내용
분쇄 커피양	7 ± 1g	추출압력	9 ± 1bar
추출시간	25 ± 5초	물의 온도	92℃ 90~95℃
추출양	30cc(1oz) 25 ± 5cc	pH	5.2(약산성)

2. 에스프레소의 물리적 · 화학적 특성

에스프레소는 포터필터에 담긴 커피 케이크를 고압의 물이 통과하면서 향미성분을 용해시킨다. 그리고 분쇄입도와 압력 정도에 따라 공극률(Porosity)이 변화되고 추출 속도가 조절된다. 다른 추출방법과 달리 미세한 섬유소와 불용성 커피오일(Insoluble Coffee Oil)이 유화상태(Emulsification)로 함께 추출될 뿐만 아니라 단시간 내에 추출되어 카페인(Caffeine)이 적은 편이다. 에스프레소는 가용성 고형성분과 불용성 커피오일이 추출되어 커피 추출액에 함유되어 있어 이에 따라 순수한 물과 비교했을 때 물리적 특성들이 다른 양상을 보이게 된다.

	굴절률	표면장력	pH	전기 전도도	점도	밀도
변화	증가	감소	감소	증가	증가	증가
원인	고형성분	계면 활성제	유기산	이온 물질	유화된 상태의 오일	고형성분

에스프레소는 볶은 커피와 물로 만드는 다면상(Polyphasic) 음료로 미세한 기포로 된 거품층인 크레마(Crema)와 커피 액으로 구성되어 있다. 크레마에는 미세한 크기의 오일 방울들이 콜로이드상의 고체와 가스 거품이 고르게 분산되어 있고 당류, 산류, 단백질 및 카페인 등이 수용액 상태로 에멀전화 되어 있다.

Chapter 3. 에스프레소 추출

3. 에스프레소의 꽃, 크레마 Crema

에스프레소 커피 표면에 떠 있는 부드러운 갈색 거품을 이태리 용어로 크레마(Crema)라고 부른다. 이것은 기체(이산화탄소, 휘발성 향미 물질)를 품고 있는 액상막이 작은 오일 거품 방울로 모여 있는 것이다.

크레마는 에스프레소에 있어서 매우 중요한 요소 중 하나이며, 일반적으로 크레마가 많다고 해서 좋은 품질의 에스프레소라고 할 수는 없으나 크레마가 매우 적거나 없는 에스프레소는 거의 대부분 품질이 좋지 않다. 크레마(Crema)는 크림(Cream)이라는 의미로 붉은 빛이 감도는 부드러운 갈색거품 형태로 두툼하게 잔에 담기게 된다.

크레마 Crema 형성 원리

에스프레소 머신이 추출 시 약 3~5초 정도 순간적으로 커피를 우려낸 후 Infusion 물이 매우 높은 압력 7~9bar에 의해 커피 가루를 통과하게 되는데 이때 향을 담당하는 용해성 물질의 대부분과, 기름이나 콜로이드 같이 비용해성 물질까지도 추출된다. 이 결과로 생겨난 황금색, 갈색의 크림이 크레마(Crema)이다. 곱게 간 원두에서 나오는 아교질과 섬세한 오일의 결합체로 고운 입자들이 쉽게 침전되지 않고 커피액 위에 떠있는 상태라 할 수 있다. 크레마는 단열층의 역할을 하여 커피가 빨리 식는 것을 막아 주고, 향을 함유하는 지방 성분이 많아 보다 풍부하고 강한 커피 향을 느낄 수 있게 해 준다. 또한, 그 자체가 부드럽고 상쾌한 맛과 단맛 등을 지니고 있어 에스프레소에 있어서 매우 중요한 요소이다.

완벽한 에스프레소 커피는 상부에 호피 무늬의 크레마가 3~4mm 두께로 생성되어 약 4분 정도 지속되어야 하며, 설탕을 위에 뿌리더라도 설탕이 쉽게 가라앉지 않아야 한다.

> **Tip**
> **좋은 커피 기준**
> ① 신선한 원두 ② 좋은 에스프레소 추출기 ③ 적절한 분쇄 정도 ④ 적절한 탬핑 ⑤ 신선하고 깨끗한 물

02 에스프레소 추출

1. 에스프레소 잔

1) 에스프레소용 잔 Demitasse

에스프레소를 마시는 잔을 데미타세(Demitasse)라고 부르는데 용량은 60~70ml(약 2oz) 정도로 용량이 일반 컵의 반 정도라는 의미이다. 재질은 도기이고 일반 컵에 비해 두꺼워 커피가 빨리 식지 않도록 하였으며, 안쪽은 둥근 U자 형태로 에스프레소를 직접 받을 때 튀어나가지 않도록 설계되어 있다. 외부 컬러는 다양하나 안쪽 색깔은 통상 백색이다.

Chapter 3. 에스프레소 추출

2) 에스프레소 샷글라스 Espresso Shot glass

에스프레소 메뉴 커피를 만들 때 사용하는 작은 잔으로 1온스를 표시하는 눈금이 그어져 있다. 강화유리로 뜨거운 에스프레소에도 잘 파손되지 않으며, 투명하여 크레마의 생성을 확인하기에 용이하다.

2. 에스프레소 추출의 중요한 작업

1) 담기 Dosing

포터필터 바스켓(Porterfilter Basket)에는 항상 일정하고 균일하게 담기 작업을 해 주어야 하며 빈 공간이 있으면 탬핑할 때 밀도 차이로 물길(Channel)이 발생한다.

2) 고르기 Leveling

고르기 작업 없이 탬핑을 할 때에는 커피 표면에 보이지 않는 빈 공간이 생겨 물길이 발생할 수 있다.

3) 탬핑 Tamping

탬핑의 목적은 수평을 유지한 채 압착시키는 것이며, 수평 유지 및 바스켓 테두리에 빈 공간이 없도록 하는 데 있으며, 이런 이유로 탬퍼 사이즈가 중요하다. (1차 : 약 3kg 압력, 2차 : 약 15kg 압력)

4) 태핑 Tapping

2차 탬핑하기 전 단계로 1차 탬핑 후 포타 필터 내의 벽면에 붙어있는 원두가루를 떨어뜨려주는 역할을 한다.

3. 에스프레소 추출 과정

1) 잔 점검

- 사용할 잔이 있는지, 잔이 뜨거운지 확인한다. (잔은 약 40℃로 예열)
- 잔이 차가우면 크레마(Crema)가 경화(硬化)되어 빨리 검게 된다.

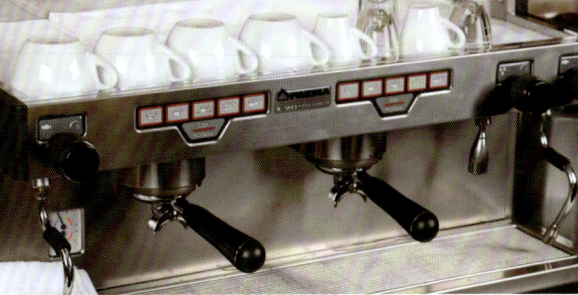

Chapter 3. 에스프레소 추출

2) 포타필터 분리 / 물기제거

- 몸쪽에서 왼쪽으로 45도 정도 돌리면 그룹헤드에서 포타필터가 분리된다.
- 물이나 찌꺼기의 유무에 관계없이 습관적으로 마른 행주를 이용해 닦는다.

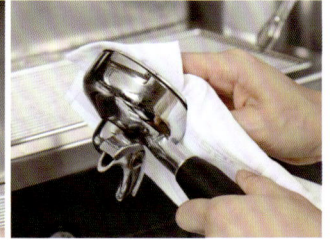

3) 분쇄 Grinding

- 그라인더 거치대에 포타필터를 올리면서 그라인더를 작동시킨다.

4) 분쇄 원두 받기 Dosing / 분쇄 원두 고르기 Leveling

① 도저 레버를 규칙적으로 당겨 바스켓에 분쇄된 원두가루를 담는다.
② 커피고르기-포타필터에 평평하게 분쇄한 원두가 담기도록 바닥에 툭 쳐서 원두를 조금 다져 준 다음, 남는 양은 손을 이용해 중앙으로 모은 후 깎고, 남은 것은 넉박스(knock box)나 도저(Doser) 안에 버린다.

5) 팩킹 Packing

① 1차 탬핑(Tamping) : 약 2~3kg 살짝 눌러주는 정도로 다진다.
② 태핑(Tapping) : 가장자리에 붙어있는 커피가루를 떨어뜨린다.
③ 2차 탬핑(Tamping) : 약 15kg의 압력으로 눌러준다.
④ 가장자리 털어주기 : 가스켓(Gasket)과 접촉하는 면을 손으로 쓸어서 넉 박스 위에서 청소한다.

Chapter 3. 에스프레소 추출

6) 추출 전 물 흘리기 Purging

과열된 물을 흘려버리고 그룹 헤드 부위에 묻어있는 원두 찌꺼기를 청소하기 위해서 하는 동작으로 2~3초 정도면 충분하다.(두 번의 포타필터 분리 후 물 흘리기를 해도 무방함)

7) 포타필터 그룹에 장착하기

- 45도에서 몸 쪽으로 90도가 되도록 돌린다.(8시 방향에서 장착)
- 뒤쪽을 접촉시킨 후 앞쪽을 밀어 올리면 쉽다.

8) 추출

① 장착 후 즉시 버튼을 누른다.(컵을 내리고 눌러도 무방)
② 컵 내리기(잔의 가장자리에 비스듬하게 떨어지도록 하는 것이 좋다)

9) 포터필터 청소

① 커피 서빙이 끝난 후 첫 동작과 같게 뽑는다.
② 커피 케익 버리기(puck) - 넉 박스에 털어낸다.
③ 물 흘려버리기를 통해 포터필터 안의 찌꺼기를 제거한다.
④ 찌꺼기 제거 후 린넨으로 닦아낸다.

10) 포타필터 채워두기

- 필터는 항상 그룹헤드에 장착시켜 두어야 온도가 유지되면서 다음 커피추출에 좋은 영향을 준다.

Chapter 3. 에스프레소 추출

03 에스프레소 음료 만들기

1. 에스프레소 머신을 이용한 에스프레소

다양한 커피를 만들기 위한 기본 커피는 에스프레소(Espresso)다.

에스프레소 또는 카페 에스프레소는 고압 고온의 물을 이용해 분쇄한 커피가루에서 고농축으로 추출해낸 커피다. 초기에는 순수하게 수증기의 압력으로 추출했으나 스프링 피스톤 레버 머신이 개발된 후로 요즘과 같은 에스프레소 머신이 사용되고 있다. 에스프레소 커피에 물이나 우유 등을 배합해 다양한 커피음료를 만든다. 에스프레소는 종류가 한 가지가 아니라 다양하며 지역에 따라 개인 취향에 따라 짧게 또는 길게 추출하는 양도 다르다.

- 리스트레또(Ristretto) : 농축에스프레소. 추출시간을 짧게 하여 양이 적은, 진한 에스프레소이며 10~15초 동안 15~20ml 정도를 추출한다.
- 에스프레소(Espresso) : 이태리에서 보통 카페(Caffe)라 하며, 25~30ml 정도의 커피를 데미타세(Demitasse)잔에 제공한다. 싱글 1잔의 기준이며, 원샷의 기준이 되는 커피다.
- 룽고(Lungo) : 롱(Long)의 의미로 일반적인 에스프레소보다 추출시간을 길게 하여 보다 양이 많게 추출 된 에스프레소(40~45ml)이다. 농도는 에스프레소보다 덜하지만 길게 내렸기 때문에 쓴맛이 강해진다.
- 도피오(Doppio) : 에스프레소 더블(Double Espresso)의 의미, 통상 투 샷(Two Shot)이나 더블 샷(Double Shot)이라고 한다. 리스트레또와 룽고 모두 도피오가 가능하다.

| 에스프레소 커피의 종류 |

종류	의미	용량(ml)	비고
리스트레또(Ristretto)	Limit : 제한적으로 추출한다.	15~20	각 종류별 도피오를 사용할 수 있다.
에스프레소(Espresso)	Express : 빠르게 추출한다.	25~30	
룽고(Lungo)	Long : 길게 추출한다.	35~45	
도피오(Doppio)	Double : 두 배로 추출한다.	50~60	에스프레소를 기준으로 한다.

리스트레또(Ristretto)

에스프레소(Espresso)

룽고(Lungo)

도피오(Doppio)

Chapter 3. 에스프레소 추출

04 커피 추출시 물의 중요성

1. 물의 형태

생물체나 식품 중에 들어있는 물은 유리수(free water)와 결합수(bound water)의 두 가지로 나눈다. 이 중 유리수는 식품 중에 유리상태로 존재하는 수분으로서 미생물의 발육에도 영향을 주며, 식품을 건조시킬 때 쉽게 건조되고 0℃ 이하에서는 잘 얼게 되며 수용성 물질을 녹이는 용매로 작용할 수 있는 보통 형태의 물을 말한다.

그리고 결합수는 식품 중의 유기물질과 수소결합에 의해 단단하게 결합되어 어는점 이하인 −18℃에서도 얼지 않으며, 미생물의 발육에 이용될 수 없으며, 용매로서 작용할 수 없는 수분을 말한다.

2. 물의 분류

1) 연수(練水, Soft Water)

칼슘이온이나 마그네슘이온이 적게 함유되어 있는 물을 연수 또는 단물이라고 한다. 물 100ml에 산화칼슘 1g들어 있을 때를 경도 1로 보는데 경도가 10 이하인 것을 연수라고 하며 빗물과 수돗물은 연수에 속한다.

2) 경수(硬水, Hard Water)

연수와 반대로 칼슘 이온이나 마그네슘 이온이 많이 함유되어 있는 물을 경수 또는 센물이라고 한다. 물의 종류에 따라 커피의 맛을 좌우하며 보통의 자연수에는 마그네슘, 칼슘, 칼륨, 나트륨등의 미네랄이 함유되어 있는데 100ml/L 정도의 무기질 함량의 물이 맛있게 느껴진다. 경수는 비누가 잘 풀리지 않아 빨래에 적합하지 못하고 위장 장애를 일으킬 수 있다고 보고되어 있으며 차의 경우 탄닌과 결합하여 색을 탁하게 한다.

3. 물의 성질

1) 용출

커피를 추출하는 것은 물을 용매로 하여 용질인 커피의 카페인과 향미가 든 오일 등의 성분을 녹아나오게 하는 것이다. 이러한 현상을 용출이라고 한다. 물의 온도가 높을수록 용출이 빠르며 영양소의 손실을 막을 수 있다.

2) 온도와 부피

물은 4℃에서 부피가 최소이며 이보다 온도가 높거나 낮으면 부피가 늘어난다. 커피용액도 얼리거나 끓일 때는 부피 팽창을 염두해야 한다.

Chapter 3. 에스프레소 추출

4. 물의 역할

① 생수

자연수에는 칼슘, 마그네슘, 철 등의 미네랄과 탄산가스, 산소 등을 함유하여 맛있는 물맛을 보이나 철, 황, 망간, 염소 등이 함유 되어 있으면 물맛이 나빠진다. 여러 가지 미네랄 성분 중 칼슘성분이 물맛을 좋게 하는 것에 반해 마그네슘 함유된 물은 쓴맛을 낸다.

커피를 내릴때는 경도가 10ppm 이하가 대부분인 국내 브랜드 생수는 맑은 맛이 느껴지고 외국 생수의 경우 경도가 100ppm 정도로 높은데 이것으로 커피를 추출하면 무거운 맛을 보인다. 물의 경도는 50~100ppm의 물이 가장 커피 맛을 좋게 한다.

② 심층수

햇빛이 더 이상 들지 않는 수심 200m 이하 깊은 곳의 바닷물로 바닷속 대류에 의해 이동되는 물이다. 특징으로는 평균 수온이 1℃ 이하의 저온 상태로 유지 되므로 대장균이나 병원성 세균이 존재하지 않고 유기물과 일반 세균이 거의 없으며 해조류와 프랑크톤의 광합성 작용이 이뤄지지 않아 표층 해수에 비해 무기영양염류가 풍부하다.

심층수는 경도가 높으므로 커피에 적용하는 것은 품종과 배전의 상태에 맞게 조절해서 사용한다.

③ 수돗물

화학적으로 소독한 수돗물은 연수이지만 석회질이 많이 함유되어 있는 수돗물은 끓여서 사용한다. 레몬이나 비타민C를 수돗물에 사용하면 염소의 냄새를 제거할 수 있다. 숯의 흡착성질을 이용하여 정화할 수 있는데 수돗물의 10% 숯을 넣어서 사용한다.

④ 정수기 물

대부분의 커피 추출은 정수기를 사용한 물을 사용한다. 정수기는 오염 물질을 제거하기 위하여 역삼투압식, 중공사막식과 이온식 등의 정수 방법이 있다. 역삼투압식은 0.0001마이크론 크기의 구멍이 뚫려있는 필터로 압력을 가해 불순물을 걸러 정수하는 방식으로 박테리아, 바이러스 등 오염물질을 99% 거를 수 있으나 유용한 미네랄 성분까지 걸러진다는 단점이 있다. 중공사막식은 0.01~0.04마이크론 이하의 중공사라는 섬유로 된 막을 이용하여 정수하는 방식으로 역삼투압식에 비해 오염 물질 제거율이 떨어지는 단점이 있으나 유용한 미네랄 성분을 통과시켜 영양가 있는 물을 유지 시켜준다.

이온식은 활성탄 필터, 중공사막식 필터, 나노필터 등으로 정화 한 뒤 이온 전기 분해하여 알카리 이온수와 산성 이온수를 분리하여 사용한다.

카본 필터는 활성탄 필터로 탄소가 불순물을 흡착하는 원리를 응용하여 야자껍질, 톱밥, 숯 등을 태워 만든 활성탄으로 잔류 염소 성분과 휘발성 유기화합 물질 제거를 한다.

Chapter 3. 에스프레소 추출

⑤ 연수기 물

센물(경수)을 Na형의 양이온 교환수지에 통과시켜 원수중의 경도 성분인 칼슘이온(Ca+), 마그네슘(Mg2+)을 수지중의 나트륨 이온(Na+)과 교환하여 연수를 만드는 방법이다.

5. 신선한 커피의 맛을 내기 위한 물

아메리카노의 경우 물이 98% 차지한다. 물은 커피의 중요 구성 성분이므로 커피 내리는 물에 대해 안다면 맛있는 커피를 만들 수 있다.

1) 생수를 사용할 때

커피 내리는 물은 경도 10ppm 이하의 물이 좋다. 국산 브랜드의 생수는 대부분 경도 5ppm 이하로 커피에 적합하지만 수입 생수중에는 경도 100ppm 정도로 매우 높아 적합하지 못한 것이 있다.

2) 수돗물을 사용할 때

수돗물은 정수과정에서 각종 세균이나 바이러스를 멸균시키기 위해 염소를 사용하는데 아주 미세한 양만 있어도 약품 냄새 및 불쾌한 냄새가 나서 커피의 특별한 맛을 파괴시키고 품질을 떨어뜨리게 한다. 수돗물은 20~30초간 끓이게 되면 냄새가 없어지므로 끓여 사용하는 것이 좋다. 수돗물은 연수에 해당되지만 오래된 배수관을 사용하는 취수구는 부식되어 녹물이나 석회질 등 이물질이 섞여 들어 올 수 있으므로 머신을 사용할 때는 반드시 정수기를 사용하는 것이 좋다.

3) 정수기를 사용할 때

에스프레소 머신은 일반적으로 초기 설치 시 싱크대 밑에 장착하는 언더씽크 정수기를 설치하여 급수한다. 사용량과 기간에 따라 다소 차이가 있지만 주기적으로 정수기 필터를 교체해 주어야 한다. 정수기 필터의 수명이 다하면 물이 점점 약해지는데 육안으로 확인하기 위해서는 정수기 상단에 압력계를 달면 손쉽게 교체주기를 확인할 수 있다. 혼탁한 물과 부유물을 물리적으로 제거하는 필터의 능력에 따라 정수물의 맛이 달라진다. 정수기의 필터는 염소, 박테리아를 제거해 주며, 활성탄소는 흡착작용이라는 처리과정을 거치면서 필요없는 맛과 냄새를 제거한다. 기기별, 용도별 정수기가 다르며 커피 머신용, 제빙기용은 스케일 방지 기능이 있는 정수기를 선택하여 사용한다.

Chapter 3. 에스프레소 추출

4) 연수기를 사용할 때

지하수를 사용할 때는 연수기를 사용한다. 일반적으로 연수기를 통해 들어온 물을 정수기에 연결하여 커피머신으로 들어가게 설치한다. 일반 가정용 연수기는 양이온 수지의 필터를 사용하여 나트륨을 방출하고 칼슘과 마그네슘을 흡수해서 물을 부드럽게 만들어주는 역할을 하는데 양이온 수지를 재생하기 위해 소금을 사용하지만 커피 연수기는 재생하지 않고 일정량의 물을 연수로 만들면 교체하는 방식을 사용한다.

5) 에스프레소 머신의 물

오랜시간 사용하다 보면 연수기, 정수기를 사용하여도 기계의 보일러 탱크나 배관에 스케일이 생길 수 있다. 머신기 내부에 스케일이 쌓이면 수압이 낮아지고 적정 온도가 나오지 못한다. 이를 해결하기 위해서는 머신 내부를 스케일링하는데 보통 3년에 한번 정도 시행한다. 최근에 실리포스라는 실리콘 소재의 물질을 조금씩 배출하여 내부 배관을 코팅하여 스케일이 끼지 못하도록 하는 기능을 가지고 있는 정수기가 개발되어 있다.

6. 좋은 품질의 물

신선하고 냄새와 불순물이 없는 물이어야 하며, 이산화탄소가 남아 있는 물이 좋고 한 번 끓인 물을 다시 끓이게 되면 커피 맛은 떨어지게 된다. 50~100ppm의 무기질이 함유된 물(약경수)로 정수기와 연수기를 설치하여 물을 최적의 상태로 정화시켜 준다.

1) 적정한 분쇄 (Grinding) – 추출 직전에 분쇄한다.
2) 커피 기름성분이 남아있지 않도록 청결히 관리한다.
3) 커피를 따르기 전에 컵이나 기구를 미리 데워 놓는다.
4) 추출 후 향의 손실을 막기 위해 최대한 빨리 마신다.

> **Tip**
> PPM(Part Per Million) = 100만분의 1을 나타내는 약효를 나타낸다.
> 1ppm = 0.0001%를 의미한다.

7. 얼음

얼음은 물 분자 주변에 4면체 위치로 네 개의 물 분자가 결합하여 6각형의 결정격자를 이루고 있다. 이때 수소결합으로 연결된 격자는 느슨하게 형성되어 비교적 큰 공간을 가지게 되므로 얼음은 물보다 큰 비용적을 갖게 되어 물이 얼면 부피가 9%나 더 팽창하게 되는 것이다. 제빙용 물은 잔류 염소가 0.4ppm 이상이어야 하며 제빙기 위생관리를 철저히 하여 세균성 식중독의 발생을 예방해야 한다.

Chapter 3. 에스프레소 추출

제2절 에스프레소 관능 평가하기

과소추출과 과다추출

에스프레소는 짧은 시간에 추출되므로 분쇄도, 탬핑 강도, 원두 양, 물의 온도 등의 추출 요소에 의해 아주 민감한 결과를 가져오는데 커피 성분이 너무 적게 추출되거나 그 반대로 커피 성분이 너무 많이 나오게 되면 커피가 싱겁거나 불쾌한 맛이 나므로 항상 적정 범위 안에서 추출이 이루어지도록 해야 한다.

	과소추출(Under Extraction)	과다추출(Over Extraction)
입자의 크기	분쇄입자가 너무 굵다	분쇄입자가 너무 가늘다
원두 사용량	기준보다 적은 원두를 사용	기준 양보다 많은 원두를 사용
물의 온도	기준보다 낮은 경우	기준보다 높은 경우
추출 압력	압력이 강할 경우	압력이 약할 경우
추출 시간	너무 짧은 추출 시간	너무 긴 추출시간
바스켓 필터	구멍이 너무 큰 경우	구멍이 막힌 경우
	옅은 갈색	 짙은 갈색

Chapter 4
에스프레소 응용메뉴 제조

제1절 ㅣ 우유 스티밍하기
제2절 ㅣ 에스프레소 응용 메뉴 만들기

Chapter 4. 에스프레소 응용메뉴 제조

제1절 우유 스티밍하기

01 우유

흰색 액체로 보이는 우유는 실제로 여러 가지 물질이 섞여 구성된 혼합물이다. 우유의 평균 성분 조성은 수분 함량이 87~88%, 총 고형분 함량이 12~13%, 지질 및 단백질(카제인)이 각각 3.5%, 탄수화물 4~4.9%, 회분 0.5~1.1% 그리고 미량의 비타민, 색소, 효소 등으로 구성되어 있다.

1) 우유의 당질

우유 중에 함유되어 있는 당질의 99.8%는 유당이다. 유당은 포유동물 특유의 당질이며, 체내에 들어오면 대장 내에서 유산균을 자라게 하여 정장작용을 하며, 칼슘의 흡수와 이용을 돕기도 한다. 유당은 물에 잘 녹지 않으며 단맛이 적고 위속에서 위의 점막을 자극 시키는 일이 적다. 유당은 단맛을 내어 우유단백질, 지방 등과 함께 입안의 촉감을 좋게 하나 자당에 비교하면 감미는 훨씬 약하여 자당의 감미도를 100으로 하였을 때 유당의 감미도는 16 정도이다. 칼로리원이 되는 동시에 장내의 젖산균 번식을 왕성하게 하여 다른 유해균의 발육을 억제 하는 효과를 가진다.

① 우유의 주된 당으로 평균 4.8% 정도 함유되어 있으며 유산균에 의해서 발효되면 부티르산과 이산화탄소로 분해된다.
② 우유의 산도는 pH6.6이며, 산가가 0.5~0.7%, pH4.6에 이를 때 단백질 카제인이 응고한다.
③ 유산 함량이 0.25~0.3% 정도일 때 우유에서 신맛(산미)을 느낄 수 있다.

2) 우유의 단백질(카제인)

우유의 단백질은 약 80%가 카제인이며, 그 밖에 락토알부민(Lactoalbumin), 락토글로불린(Lactoglobulin) 등의 유청 단백질로 구성되어 있다.

우유의 단백질은 인단백질인 카제인(Casein)으로 총단백질의 80%를 차지하며, 효소 레닌(Rennin)에 의해 응고하여 치즈를 만들고, 산(酸)에 의한 응고로 요구르트를 만든다. 다른 하나는 유청 단백질(Whey-protein)로 20%를 차지한다.

Chapter 4. 에스프레소 응용메뉴 제조

3) 우유의 지방

우유의 지방은 형태로 세 개의 지방산(Triglyceride)이 연결되어 있으며, 효소가 작용하면 이 결합을 절단하여 유리지방산(Free fatty acid)을 생성하므로 산패된 냄새가 나고, 거품 생성 능력이 떨어진다. 우유에는 평균 3.7%의 지방질이 함유되어 있으며 우유속의 지방을 유지방이라 하며 미세한 지방구로 우유 중에 분산되어 유탁액 상태로 존재하고 있다. 각종 포유동물의 유지방의 지방산 조성을 비교하면, 우유나 산양유 등의 젖에서는 부티르산(Butyric acid)이나 카프론산(Capric acid)의 함량이 많고, 모유에서는 리놀레산(Linoleic acid)과 같은 불포화지방산의 함량이 높다.

① 유지방 입자가 0.1~10㎛(평균 3㎛)의 미립자 상태.
② 우유 유장의 비중이 1.030인 반면 유지방의 비중은 0.92~0.94로 낮아서 원심분리하면 집합체로 뭉쳐 크림이 된다.

4) 우유의 무기질

우유의 무기질 중에서 나트륨, 칼륨 및 염소는 거의 완전한 용액으로서 일부분은 현탁액의 형태로 존재한다. 인은 인단백질(카제인), 인지질, 유기인산 에스테르의 구성분의 형태로 되어 있다. 또 칼슘은 카제인과 결합한 형태로도 존재한다. 이들 무기질 중에서 칼슘과 인이 가장 중요하다. 담석 예방(카페인이 담석을 만들기 어렵게 함)과 항산화 효과(폴리페놀류)가 있다.

① 회분함량이 0.6~0.9%(평균 0.72%)인 우유에는 상당량의 광물질이 함유되어 있다. 칼슘과 인은 전체의 1/4을 차지하며 영양학적으로 중요한 역할을 한다.
② 구연산은 0.02% 정도 함유하고 있다.

5) 우유의 비타민

우유에는 함량이 다양한 비타민을 함유하고 있으며 비타민 A, 리보플라빈(비타민 B_2), 티아민(비타민 B_1)은 풍부하지만 비타민 D, E는 결핍되어 있다.

6) 우유의 수분

우유에는 약 88%의 수분이 함유되어 있으며, 이 중에서 당질과 무기질은 수용액 상태로, 유지방은 에멀젼 상태로, 단백질은 콜로이드상의 교질 상태로 분산되어 있다. 우유는 수분과 고형물로 크게 나눌 수 있는데, 고형물은 우유에서 수분을 제거한 것을 말하며, 고형분에서 유지를 제거한 부분을 무지고형분, 우유에서 유지만을 제거한 부분을 유청이라 한다. 지방을 제거하지 않은 원래의 우유를 전유(全乳, Whole Milk)라고 한다. 우유로부터 분리한 것을 크림(Cream)이라고 하고, 나머지 부분을 탈지유(Skimmed milk)라고 한다. 탈지유에 산 또는 응유효소(레닌 Renin)를 첨가했을 때에 생성하는 응고물을 커드(Curd)라고 하며, 이것의 주요 성분은 우유 단백질인 카제인(Casein)이다.

Chapter 4. 에스프레소 응용메뉴 제조

1. 우유의 색, 향기

우유의 백색은 카제인(Casein)이 교질 상태로 용존해 있기 때문이고, 미황색을 띠는 것은 지용성 색소인 카로틴(Carotene) 및 소량의 크산토필(Xanthophyll)과 수용성 색소인 플라빈(Flavin)이 미량 들어있기 때문이다.

우유의 향기 성분은 아세톤(Acetone), 아세트 알데히드(Acetaldehyde), 부티르산(Butyric acid) 및 저급 지방산, 메틸 설파이드(Methyl sulfide) 등이다.

우유의 향기는 외적 요건, 열, 금속, 광선, 미생물에 의해 영향을 받아 변화된다.

2. 크림

우유의 지방분(유지방)을 분리해 낸 것으로, 후레쉬 크림(Fresh Cream)이라고도 한다. 크림은 우유 중의 지방을 농후한 상태로 모은 것으로 버터, 과자, 케이크, 아이스크림에 사용한다. 크림은 지방 함량의 차이에 따라 저지방 크림과 고지방 크림으로 나눈다. 커피에 사용하는 크림은 유지방과 식물성 지방을 혼합하여 놓은 것이 있다. 크림을 커피에 넣으면 고소하고 부드러운 맛이 강해지기 때문에 카페 음료 메뉴에 많이 사용한다.

1) 생크림 Fresh Cream

생크림은 유지에 들어 있는 유지방을 원심분리기로 분리하여 상부의 크림층을 농축하여 만든 것으로 포막 형성 단백질의 변성을 낮게 하기 위해 저온에서 살균한 후 급속 냉각해 지방을 안정시키는 동시에 균질화한 후 지방구의 크기와 정도를 조정한다. 커피 음료와 제과에서 사용하는 휘핑용이 있다. 휘핑용으로 사용하는 것은 지방함량이 45% 이상으로 케이크 아이싱, 오믈렛, 크레페, 슈 등에 다양하게 이용하고있다.

2) 커피 크림의 우모현상 (Feathering, 羽毛現狀)

16~22%의 유지방을 함유한 테이블 크림을 보통 커피크림이라 한다. 이 크림을 뜨거운 커피에 첨가하면 매우 작은 깃털 모양으로 응고하는 현상이 일어나는데 이를 우모현상이라 한다. 이 현상은 크림의 응집현상과 유리지방의 분리현상으로 크림의 산도가 높거나 크림의 지방함량이 높고, 물의 경도가 높은 경우에 주로 발생하므로 우모현상을 최소화하기 위해 저지방 크림과 인산염과 같은 완충제를 첨가하기도 한다.

Chapter 4. 에스프레소 응용메뉴 제조

3. 아이스크림

커피에는 부드러운 베이지 색과 함께 은은하게 풍기는 바닐라 향기는 다른 어떤 것과도 잘 어울리기 때문에 바닐라 아이스크림을 주로 사용하며 아이스크림을 이용한 카페 음료에는 아포가토(Affogatto), 바닐라 요거트 밸리라떼 등이 있다.

4. 우유의 보관, 성분 변화

1) 가열에 의한 변화

① 우유의 피막현상

우유를 40℃ 이상으로 가열한 후 상온에 방치시키면, 우유의 점성은 온도 변화에 크게 좌우 되므로, 우유의 표면은 쉽게 피막이 형성된다. 이러한 현상은 우유중의 지방층과 단백질의 카제인 구조가 공기와 접촉하여 불가역적으로 응집력이 커지므로써 일어난다. 또한, 가열온도가 높거나 표면접촉이 많을수록 심하게 나타나게 되므로 가능한 공기접촉을 줄이고 가열 후에는 빠른 시간 내에 냉각과정을 거치는 것이 좋다.

② 우유 스케일 Milk scale의 생성

우유를 고온으로 가열하면 우유 중의 Ca, P, Mg, S 등의 이온성 무기질이 지방과 단백질에 결착되어 불용성의 유석(Milk Scale)으로 변한다. 이들은 주로 인산칼슘의 결정핵으로부터 생성되며 시간이 경과할수록 지방과 단백질이 결착되어 더 많은 열변성 유석(Milk Scale)을 일으키며 점차 단단하고 불용성의 탄화물로 변화된다.

③ 갈변화 현상 Maillard reaction

우유중의 단백질과 당류인 유당은 60℃ 이상에서 30분 또는 100℃ 이상에서 수분간 가열하면 갈색물질을 생성하여 우유의 색깔이 갈색으로 변하며, 가열 살균 시간과 온도가 높으면 우유의 갈변화는 촉진되고 심해질 수 있다.

④ 가열취 Cooked flavor 생성

가열살균에 의하여 갈변화가 시작되면 갈변화 물질에 의하여 가열취의 생성이 시작된다. 우유 단백질중 카제인(Casein)이 가열에 의하여 알파아미노산(α-aminoacid)로 분해되어 알데히드(Aldehyde)가 생성되면 가열취보다 심한 카라멜취(Cararmel Flavor)를 생성하여 이상취(Off Flavor)가 된다.

> **Tip**
>
> **가열취 생성** : 가열살균에 의하여 갈변화가 시작되면 갈변화 물질에 의하여 가열취의 생성
> 유청단백질 β-lactoglobulin이나 함유황 amino산의 열변성
>
> **카라멜취 생성** : casein의 열변성에 의하여 α-aminoacid로 분해

Chapter 4. 에스프레소 응용메뉴 제조

2) 우유의 거품 성질

(1) 지방

① 전지우유

크기가 작으면서 밀도가 높은 좋은 거품우유를 만든다.

② 탈지우유

탈지 우유로 거품을 내면 힘없는 거품우유가 된다.

(2) 단백질

우유 거품의 안정성에 중요한 역할 하며, 유청단백(Whey Protein)이나 분말우유를 첨가시켜도 거품 만드는 능력은 향상 된다.

5. 우유의 살균

(1) 저온 살균법 LTLT : Low Temperature Long Time

61~65℃에서 30분간 가열한 후 급랭시키는 방법으로, 우유, 술, 과즙, 소스 등의 액체 식품을 살균시킬 때 이용된다.

(2) 고온 단시간살균법 HTST : High Temperature Short Time

약 75~90℃ 정도에서 15~ 20초 동안 가열하여 살균하는 방법이다.

(3) 초고온 살균법 UHT : Ultra High Temperature

식품의 질과 영양가를 유지한 채 살균시키는 방법으로써, 초음파로 단시간 처리한다 하여 초음파 가열살균법이라고도 한다.

130℃, 1~3초 동안 살균하는 방법으로 비타민의 파괴도 적고 풍미도 좋다.

6. 우유의 보관

고온 단시간 살균(UHT)한 우유는 안정된 거품을 만드는데 거품은 밀도가 높으면서 흩어지지 않고 2~3분 유지 되어야 좋으나 약간의 가열취(Cooked flavor)가 거품우유를 만든 후에도 남아 있다. 초기 온도가 높을수록 거품 생성 능력이 떨어지며, 온도가 낮을수록 거품을 만드는 시간이 충분하므로 밀도가 높고 안전성 있는 거품을 낼 수가 있으므로 냉장 보관하도록 한다. 한 번 거품을 만든 후 남은 우유와 새 우유를 섞은 것이나 사용하고 남은 거품으로는 좋은 거품 만들기가 어렵다.

Chapter 4. 에스프레소 응용메뉴 제조

02 우유 스티밍 Milk Steaming

우유는 에스프레소 메뉴에 가장 많이 쓰이는 재료로, 커피에 부족한 칼슘(Ca)을 보충해주는 역할을 한다. 우유는 메뉴에 따라서 작은 거품을 만들어 사용하며, 잘 만들어진 거품은 감촉이 좋으며 쉽게 사라지지 않게 된다. 이러한 우유 거품을 벨벳 밀크(Velvet Milk)나 실키 폼(Silky Foam)이라 한다. 우유 스티밍 시 우유와 우유를 담는 피처 모두 차가운 것을 사용하는 것이 좋다.

스티밍 피처 Steaming Pitcher

스티밍 피처는 우유 거품을 만들거나 데울 때 사용하는 도구로 스테인리스 재질을 사용한다. 스테인리스는 열전도율이 높기 때문에 스티밍 시 우유가 받는 열을 피처가 흡수하여 우유의 온도가 상승하는 속도를 늦추어 고품질의 우유 거품을 만들 수 있다. 스티밍 피처는 항상 차가운 상태로 유지시켜야 고품질의 거품을 만들 수 있으며 일반적으로 아래는 넓고 위는 좁은 형태로 되어 있다.

03 우유 거품 만들기

1) 피처에 우유 붓기

일반적으로 피처 용량의 약 40% 정도 우유를 부어주면 적당하며 350ml 피처의 경우 150ml를 넣어준다. 우유와 피처는 4~5℃ 정도가 적당하다.

2) 스팀 빼주기

스팀 완드에는 내부 스팀이 식어 물이 고여 있다. 이것을 그대로 사용하게 되면 우유 농도를 흐리게 하여 싱거워지는 결과를 가져오므로 2~3초간 젖은 행주로 감싸고 노즐을 열어주는 것이 좋다.

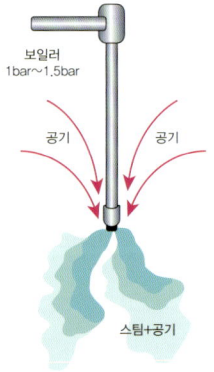

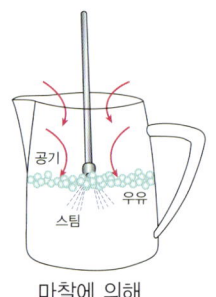

마찰에 의해 거품이 생성됨

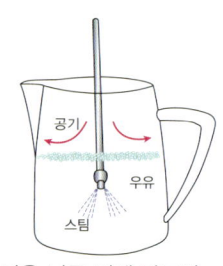

팁을 너무 깊게 담그면 거품이 생기지 않고 우유가 가열됨

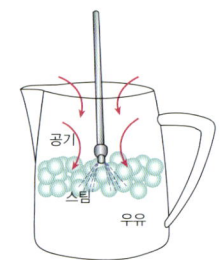

팁이 표면에 노출되면 거친 거품이 생성됨

Chapter 4. 에스프레소 응용메뉴 제조

3) 거품 만들기

(1) 공기주입

머신의 스팀꼭지가 우유의 1cm정도만 잠기도록 하고 밸브를 돌려 스팀을 분사해준다. 피처를 서서히 아래로 내리며 스팀 완드가 1cm를 유지하도록 하여야 하는데 이때 주변의 공기를 끌고 들어가면서 거품이 생성된다. 피처 용량이 약 70~80%가 될 때까지 지속적으로 공기를 주입하며 우유 온도가 36℃가 되기 전 공기 주입을 완료하여야 한다. 높은 온도에서도 공기 주입이 계속되면 고품질의 우유 거품이 만들어지지 않는다.

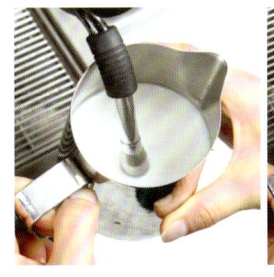 

(2) 혼합

우유 위에 형성된 잔거품을 우유와 섞어주면서 온도를 높이는 작업이다. 공기를 주입하기 위해 내렸던 피처를 다시 올려주면서 스팀 완드를 잠기게 하여 스팀 압력에 의해 피처 내부에 소용돌이가 발생하도록 한다. 우유 온도는 65℃가 되면 신속히 스팀노브를 잠가준다. 우유는 70℃ 이상 가열되면 불쾌한 가열취(加熱臭)가 생성되어 좋지 않은 맛이 날 수 있으므로 주의해야 한다.

(3) 스팀 완드 청소

스팀 완드에 묻어 있던 우유 찌꺼기는 열에 의해 금방 굳게 되어 좋지 않은 냄새를 유발 할 수 있고 스팀완드의 구멍이 막힐 수 있으므로 작업 완료 후 스팀완드를 신속히 젖은 행주로 닦아주어야 한다. 또한 스팀을 한 번 분사하여 고여있을 수 있는 우유를 제거해 주어야 한다.

(4) 잔여 거품 없애기

스티밍 종료 후에도 혼합과정에서 없어지지 않고 남아있는 거품들이 있는데, 이 거품을 없애기 위해 스팀 피처의 바닥을 테이블 위에서 2~3회 살짝 내리쳐 준다. 그런 다음 피처를 강하게 회전시켜 상층부의 우유 거품과 하층부의 우유가 섞이도록 해준다. 이 과정이 오래 반복되면 우유는 온도가 내려가고 거품과 우유가 분리 되므로 단시간에 종료하도록 한다.

Chapter 4. 에스프레소 응용메뉴 제조

▶ 카푸치노 만들기-우유 거품 따르기

두 잔 이상의 거품을 부을 때 첫잔의 거품을 많이 사용할 수 있으므로 보조 피처를 사용하여 스티밍한 우유를 나누어 놓는다. 우유 거품을 잔에 부을 때에는 처음에 피처를 약간 높이 들고 컵의 중앙에서 약간 앞 쪽에 부어준다. 컵의 2/3정도가 차면 피처의 위치를 아래로 내려 피처의 뒤쪽을 들어주면서 잔의 중앙부분으로 밀어주는 느낌으로 끝내도록 한다.

04 커피 스팀 노즐관리

스팀 노즐은 스팀 손잡이를 작동하였을 때 스팀이 나오는 부분을 말하며 스팀밸브 바디, 스팀노브, 스팀완드, 스팀완드 팁으로 나눠진다. 스팀의 세기는 스팀 보일러 압력과 비례하며 스팀 보일러의 압력은 압력 게이지를 통하여 확인할수 있다. 이 스팀을 이용하여 우유를 데우고 부드러운 거품을 만들어 내는 것이므로 항상 청결해야 하며 손상시에는 교체해 주어야 한다. 스팀 노즐은 항상 청결하게 유지 관리해야 하며 우유와 직접 접촉하는 부분이므로 스팀을 사용하기 전후 물기가 있는 스팀밸브를 틀어서 응축된 것을 제거해야 한다. 특히, 스팀완드의 끝부분을 스팀의 팁이라하는데 각각의 홀에 막힌 곳이 없는지 확인하고 청소하도록 한다.

Chapter 4. 에스프레소 응용메뉴 제조

제2절 에스프레소 응용 메뉴 만들기

01 HOT류

메뉴	재료	만드는 법
아메리카노	에스프레소 30ml, 뜨거운물 200ml	① 준비된 잔에 뜨거운 물을 붓고 에스프레소를 추출한다. ② 뜨거운 물 위에 에스프레소 30ml를 붓는다.
카페라떼	에스프레소 30ml, 우유 250ml	① 에스프레소 30ml를 추출하여 잔에 붓는다. ② 우유 스티밍을 한다. ③ 스팀 우유를 잔에 가득 따른다. ④ 라떼아트는 다양하게 디자인 할 수 있다.
카푸치노	에스프레소 30ml, 우유 200ml	① 에스프레소 30ml를 추출하여 잔에 붓는다. ② 우유 스티밍을 한다. ③ 벨벳 거품을 낸 스팀 밀크를 잔에 가득 따른다. ④ 시나몬가루나 초코가루를 뿌려서 장식하여 낸다.
에스프레소 마끼야또	에스프레소 30ml, 우유 70ml	① 예열해 놓은 데미타세 잔에 에스프레소 30ml를 추출한다. ② 우유 스티밍을 한다. ③ 스팀 밀크를 80%까지 천천히 붓는다. ④ 우유 거품을 2~3스푼 올려 컵 중앙에 살포시 올려 마무리 한다.

Chapter 4. 에스프레소 응용메뉴 제조

02 COLD류

메 뉴	재 료	만드는 법
아이스 아메리카노	에스프레소 60ml(2샷), 차가운물 200ml, 얼음 11개	① 준비된 잔에 차가운 물과 얼음을 넣는다. ② 갓 추출한 에스프레소 60ml (2샷)를 넣어준다.
아이스 카푸치노	에스프레소 60ml (2샷), 우유 150ml, 얼음 11개	① 잔에 얼음을 채운다. ② 차가운 우유는 밀크 포머나 전동 거품기를 이용해 거품을 낸 뒤 우유만 잔에 부어준다. ③ 갓 추출한 에스프레소를 우유 위에 조심스럽게 부어준다. ④ 차갑게 낸 우유 거품을 그 위에 부어, 층이 나게 만들어 준 뒤 기호에 따라 시나몬이나 초코 가루를 뿌려준다.
아이스 카페 라떼	에스프레소 60ml(2샷), 우유 200ml, 얼음 10~12개	① 준비된 잔에 우유와 얼음을 담는다. ② 에스프레소 60ml(2샷)을 추출한다. ③ 준비된 잔에 에스프레소를 조심히 부어 그라데이션을 살려준다.
아이스 카라멜 마끼야또	에스프레소 60ml (2샷), 카라멜 소스 20ml, 카라멜 시럽 30ml, 우유 200ml, 얼음 11개	① 잔에 카라멜 소스를 넣고 우유를 부어 잘 섞어준다. ② 에스프레소 60ml (2샷)를 추출하고 추출되는 동안 잔에 얼음을 담는다. ③ 준비된 잔에 에스프레소를 조심스레 부어 그라데이션을 살려주고, 카라멜 소스로 드리즐을 해준다.

Chapter 4. 에스프레소 응용메뉴 제조

03 시럽을 첨가한 에스프레소

메뉴	재료	만드는 법
샤케라또	에스프레소 60ml (2샷), 얼음 7~8개, 설탕시럽 (바닐라, 헤이즐넛 등) 10ml	① 칵테일 쉐이커에 얼음을 넣고 준비된 시럽을 넣어준다. ② 에스프레소 60ml를 추출한 뒤 쉐이커에 넣어 뚜껑을 잘 닫고 세차게 흔들어 준다. ③ 투명한 유리잔(칵테일잔)에 거품을 담아 낸다.
에스프레소 로마노	에스프레소 30ml, 레몬 슬라이스 1개, 레몬즙 약간, 설탕 시럽 10ml	① 데미타세 잔에 설탕 시럽을 담고 에스프레소를 받는다. ② 레몬즙을 한 두방울 떨어뜨린 뒤 레몬을 띄워 낸다.
카페 헤이즐넛 라떼	에스프레소 30ml, 우유 120~150ml, 헤이즐넛 시럽 20ml	① 예열해 놓은 잔에 에스프레소 30ml를 추출한 후 헤이즐넛 시럽 20ml를 첨가한다. ② 준비된 우유를 스티밍을 한다. ③ 벨벳 거품을 낸 스팀밀크를 잔에 가득 따른다. ④ 취향에 따라 라떼아트나 에칭으로 마무리 한다.
스위티 라떼	에스프레소 30ml, 우유 150~200ml, 초코 시럽 25ml, 카라멜 시럽 25ml	① 예열해 놓은 잔에 에스프레소 30ml와 초코, 카라멜 시럽을 함께 섞는다. ② 우유 스티밍을 한다. ③ 스팀우유를 잔에 따른다.

Chapter 4. 에스프레소 응용메뉴 제조

메 뉴	재 료	만드는 법
아마레또 모카치노	에스프레소 30ml, 우유 150~200ml, 아마레또 시럽 10~20ml, 초콜릿 시럽 25~30ml	① 예열해 놓은 잔에 에스프레소 30ml와 초코, 아마레또 시럽을 함께 섞는다. ② 우유 스티밍을 한다. ③ 스팀우유를 잔에 따른다.
토피넛 라떼	에스프레소 30ml, 우유 200ml, 바닐라 시럽 20ml, 카라멜 시럽 20ml, 헤이즐넛 시럽 5ml	① 예열해 놓은 잔에 에스프레소 30ml와 카라멜, 헤이즐넛, 바닐라 시럽을 함께 섞는다. ② 우유를 스티밍한다. ③ 스팀우유를 잔에 따른다.
아이스 바닐라라떼	에스프레소 60ml (2샷), 우유 200ml, 바닐라 시럽 20ml, 얼음 11개	① 준비된 잔에 우유와 시럽을 계량하여 담고 얼음을 담는다. ② 에스프레소 60ml (2샷)을 추출한다. ③ 준비된 잔에 에스프레소를 조심히 부어 그라데이션을 살려준다. ④ 적당히 장식한다.
로마노 사우어	에스프레소 30ml, 레몬즙, 레몬 껍질, 설탕 시럽, 커피가루	① 용량 150ml의 마티니 잔 안쪽면을 레몬즙 10방울 정도로 적셔 준다. ② 레몬즙은 체를 사용해 부유물질이 없도록 걸러낸다. ③ 쉐이커에 에스프레소, 설탕시럽 1스푼, 얼음, 천연 아몬드향 리큐어를 넣고 쉐이킹 한다. ④ 이를 레몬즙을 적신 칵테일 잔에 붓고 레몬껍질과 커피가루로 장식한다.

Chapter 4. 에스프레소 응용메뉴 제조

04 소스를 첨가한 에스프레소

메 뉴	재 료	만드는 법
카라멜 모카	에스프레소 30ml, 우유 250ml, 휘핑크림, 카라멜 소스 25ml	① 잔에 제공된 카라멜 소스를 넣는다. ② 잔에 갓 추출한 신선한 에스프레소를 넣어 소스를 잘 녹여준다. ③ 우유 스티밍을 한다. ④ 잔에 스팀밀크가 80% 정도 차도록 우유만 붓는다. ⑤ 잔벽에 휘핑기를 붙인 다음 잔의 내벽을 따라 돌려주며 휘핑크림을 올린다. ⑥ 기호에 따라 카라멜 소스나 초코소스를 얹어 장식하며 맛을 조절한다.
카라멜 마끼야또	에스프레소 30ml, 카라멜 소스 15ml, 카라멜 시럽 20ml, 우유 250ml	① 준비된 잔에 제공된 소스와 시럽을 넣는다. ② 우유 스티밍을 한다. ③ 스팀 우유를 천천히 부어준 뒤 시럽이나 소스와 잘 섞이도록 저어준다. ④ 따라놓은 스팀우유가 거품의 층이 분리되도록 기다리면서 거품층이 생기는 동안에 에스프레소를 추출한다. ⑤ 추출한 에스프레소 3번에 부어준 뒤 카라멜 소스로 장식한다.
아이스 카라멜 마끼야또	에스프레소 60ml (2샷), 카라멜 소스 20ml, 카라멜 시럽 30ml, 우유 200ml, 얼음 11개	① 잔에 카라멜 소스와 시럽을 넣고 우유를 부어 잘 섞어준다. ② 에스프레소 60ml (2샷)를 추출하고 추출되는 동안 잔에 얼음을 담는다. ③ 준비된 잔에 에스프레소를 조심스레 부어 그라데이션을 살려주고 카라멜 소스로 드리즐을 해준다.
마론 마끼야또	에스프레소 30ml, 밤라떼 페이스트 50g, 우유 150ml, 토핑용 카라멜 소스	① 준비된 밤라떼 페이스트를 우유에 섞은 후 스티밍을 한다. ② 우유거품을 풍성하게 올린 뒤 에스프레소를 넣어준다. ③ 카라멜 소스로 토핑하여 마무리 한다.

Chapter 4. 에스프레소 응용메뉴 제조

05 파우더를 첨가한 에스프레소

메 뉴	재 료	만드는 법
모카치노	에스프레소 30ml, 우유 250ml, 초콜릿 소스 25ml, 초코 파우더 10g	① 잔에 제공된 초콜릿 소스나 파우더를 넣는다. ② 잔에 갓 추출한 신선한 에스프레소를 넣어 소스나 파우더를 잘 녹여준다. ③ 우유 스티밍을 한다. ④ 잔에 스팀우유를 붓는다. ⑤ 마무리는 초코에칭을 응용하면 된다.
아이스 카페모카	에스프레소 60ml (2샷), 초콜릿 소스 20ml, 초코파우더 30g, 우유 150ml, 얼음 11개, 휘핑크림, 토핑용 초코소스 및 파우더	① 잔에 초콜릿 소스 혹은 파우더를 담는다. ② 에스프레소를 추출하여 잔에 담아 초콜릿 소스 혹은 파우더를 충분히 녹여준다. ③ 우유를 넣고 잘 섞어준 다음 얼음을 넣는다. ④ 휘핑크림을 올려주고 기호에 맞게 장식을 하여 준다.
아이스 모카치노	에스프레소 60ml (2샷), 우유 250ml, 초콜릿 소스 25ml, 초코 파우더 20g, 얼음 11개	① 초콜릿 소스와 에스프레소를 섞는다. ② 잔에 얼음을 넣고 우유를 따라준다. ③ 우유스티밍을 하거나 프렌치프레소로 우유거품을 만든다. ④ 잔에 스팀밀크를 붓는다. ⑤ 마무리는 초코에칭을 응용하면 된다.
피에몬테제	에스프레소 25ml, 저지방 우유 40ml, 헤이즐넛 시럽 5ml, 헤이즐넛 가루 5g	① 전동 거품기 등을 사용해 저온 상태에서 저지방 우유를 거품 낸다. ② 거품을 만드는 동안 용량 130ml인 유리잔에 헤이즐넛 시럽 5ml를 따르고 이탈리아 정통 에스프레소 25ml를 추출해 붓는다. ③ 여기에 스푼을 사용해 우유의 거품을 얹고 헤이즐넛 가루를 뿌린다.
잔두이아 헤즐넛	에스프레소 25ml, 헤이즐넛향 휘핑크림 60~70ml, 헤이즐넛 가루 5g	① 용량 90ml 유리잔에 에스프레소를 따른다. ② 그 위에 미리 준비한 '헤이즐넛향 생크림'을 얹고 헤이즐넛 가루로 장식한다.

Chapter 4. 에스프레소 응용메뉴 제조

06 휘핑크림을 첨가한 에스프레소

메 뉴	재 료	만드는 법
에스프레소 콘파냐	에스프레소 30ml, 휘핑크림	① 예열해 놓은 데미타세 잔에 에스프레소 30ml를 추출한다. ② 추출한 에스프레소에 휘핑크림을 신속히 올리고 잔에 스푼과 같이 낸다.
바닐라 라떼	에스프레소 30ml, 우유 250ml, 바닐라 시럽 20ml, 휘핑크림	① 예열해 놓은 잔에 에스프레소 30ml를 추출한 후 바닐라 시럽 20ml를 첨가한다. ② 준비된 우유 250ml를 스티밍 한다. ③ 벨벳 거품을 낸 스팀우유를 잔에 8부 이상 따른다. ④ 기호에 따라 휘핑크림을 올려서 제공한다.
아이스 카라멜 모카	에스프레소 60ml (2샷), 화이트 초콜릿 소스 20ml, 카라멜 소스 10ml, 화이트 초코파우더 20g, 우유 150ml, 얼음 11개, 휘핑크림, 토핑용 카라멜 소스	① 잔에 화이트 초콜릿 소스나 파우더를 담는다. ② 에스프레소를 추출하여 잔에 담아 초콜릿 소스나 파우더를 충분히 녹여준다. ③ 우유를 넣고 잘 섞어준 다음 얼음을 넣는다. ④ 휘핑크림을 올려주고 카라멜 소스로 드리즐을 하여준다.
아란치아	에스프레소 30ml, 오렌지쥬스 20ml, 휘핑크림, 초콜릿칩, 오렌지껍질 절편, 깔루아밀크 10ml	① 용량 130ml의 유리잔에 오렌지쥬스 20ml, 깔루아 밀크 10ml를 따른다. ② 에스프레소 25ml를 추출해 붓고 에스프레소 머신의 스팀 노즐을 이용해 따뜻하게 혼합 한다. ③ 그 위에 휘핑기를 이용해 휘핑크림을 얹고 오렌지껍질 절편과 초콜릿 칩으로 장식한다.
아인슈페너 커피	에스프레소 30ml, 설탕 5g, 뜨거운물 150ml, 휘핑크림	① 따뜻하게 예열해 놓은 잔에 뜨거운 물을 넣는다. ② 설탕을 넣어 잘 저어 녹여준다 ③ 에스프레소 30ml를 부운뒤 휘핑크림을 올려 스푼과 같이 낸다. ④ 기호에 따라 시나몬 파우더나 견과류를 얹기도 한다.

Chapter 4. 에스프레소 응용메뉴 제조

07 리큐르를 첨가한 커피 칵테일

메 뉴	재 료	만드는 법
레드씨	에스프레소 20ml, 보드카 20ml, 그레나딘 시럽 10ml, 트리플 섹 10ml, 자몽시럽 10ml	① 칵테일 잔에 트리플섹을 따른다. ② 에스프레소를 넣는다. ③ 스푼을 이용해 보드카를 조심스럽게 넣는다. ④ 그레나딘 시럽과 자몽시럽을 올려준다.
베일러스 커피	에스프레소 25ml, 커피향 리큐르 30ml, 크림 위스키향 리큐어 (Bailey's) 30ml, 생크림 40ml	① 용량 150ml인 마티니 잔에 커피향 리큐어 30ml를 붓는다. ② 그 위에 바 스푼을 사용해 층이 깨지지 않도록 조심하면서 크림 위스키향 리큐어 30ml를 따른다. ③ 다시 그 위에 에스프레소 25ml를 추출해 역시 바 스푼을 활용해 플로팅(floating) 한다. ④ 쉐이커에 생크림 40ml를 넣고 10초간 세게 흔든 뒤 플로팅기법으로 잔에 조심스럽게 얹는다. ⑤ 기호에 따라 위에 커피가루로 장식해도 좋다.
트리플섹 타임	에스프레소 25ml, 오렌지향 리큐르(트리플섹) 10ml, 생크림 40ml, 시나몬 가루	① 용량이 150ml인 마티니 잔에 오렌지향 리큐어 10ml와 추출한 이탈리아 정통 에스프레소 25ml를 붓는다. ② 에스프레소 머신의 스팀 노즐을 이용해 혼합하며 데운다. ③ 생크림을 쉐이킹한 뒤, 바 스푼을 사용해 층이 생기도록 플로팅(floating)한다. ④ 그 위에 시나몬 가루를 뿌린다.

Chapter 4. 에스프레소 응용메뉴 제조

08 얼음을 첨가한 에스프레소 아이스 음료

메 뉴	재 료	만드는 법
아포가토	에스프레소 30ml, 아이스크림 1스푼	① 잔에 아이스크림 한스푼을 담는다. ② 아이스크림 위에 에스프레소를 끼얹어 준다. ③ 기호에 따라 슬라이스된 견과류 등을 토핑한다.
레드빈 프라페	에스프레소 60ml (2샷), 우유 60ml, 시럽 20ml, 팥 50g, 바닐라 아이스크림 1스푼	① 블렌더에 얼음을 담는다. ② 재료를 계량하여 담고, 에스프레소를 추출하여 담은 뒤 곱게 갈아 준다. ③ 기호에 맞게 휘핑크림이나 팥을 올려 제공한다.
모카 프라페	에스프레소 30ml, 우유 50ml, 헤이즐넛 시럽 15ml, 바닐라 프리잔떼 파우더 10g, 커피파우더 20g, 초코소스 20ml, 얼음 12개, 휘핑 크림	① 블렌더에 얼음을 계량하여 담는다. ② 에스프레소를 추출하여 담은 뒤 곱게 갈아준다. ③ 휘핑크림을 올려 제공하기도 한다.
화이트 플로어	에스프레소 30ml, 화이트 초콜릿 40ml, 천연아몬드향 리큐어 20ml, 생크림 40ml, 초콜릿파우더 5g, 베일리스 10ml	① 용량 150ml 마티니 잔에 화이트 초콜릿 40ml를 따라둔다. ② 에스프레소 25ml 와 천연 아몬드향 리큐어 20ml와 베일리스 10ml를 차례로 붓는다. ③ 생크림 40ml 를 쉐이커에 담아 10초정도 강하게 흔들어 거품을 낸 뒤 바 스푼을 이용해 층을 이루도록 조심스럽게 붓는다. ④ 그 위에 커피가루를 살짝 뿌려 장식한다.
에스프레소 보드카	에스프레소 30ml, 얼음 6개, 보드카 30ml, 설탕시럽 10ml	① 쉐이커에 얼음, 보드카, 에스프레소, 설탕시럽을 넣고 5초간 흔들어 준다. ② 칵테일 잔에 부어 준다.

Chapter 5
라떼 아트

제1절 I 푸어링 아트 하기
제2절 I 에칭 아트 하기
제3절 I 스텐실 아트 만들기

Chapter 5. 라떼 아트

제1절 푸어링 아트(Pouring art) 하기

푸어링(pouring)의 사전적 의미로는 붓다 또는 따르다 의미로 사용되어지며, 우유를 에스프레소에 부으면서 일정한 패턴이 형성되도록 하는 기술이다. 우유를 붓는 높낮이를 조절(top-down)하거나, 좌우로 흔들어(roll from side to side) 미세한 우유거품을 밀어냄으로써 문양을 만들어 낸다.

〈라떼 아트의 특징〉

커피에 우유를 넣어 마시기 시작한 것은 17세기 중반이다. 이 시기에 이탈리아, 프랑스, 영국 등 유럽 각국에서 카페가 상업을 이루기 시작하여, 베리에이션 메뉴가 탄생했을 것으로 예상된다.

라떼(Latte)란 이탈리아어로 '우유'를 뜻하고, 아트(Art)란 '예술'을 뜻하는 영어로 미적 감각을 살려 커피 위에 하트, 나뭇잎, 꽃, 동물 등을 표현하는 창작활동을 '라떼아트'라고 한다.

전문 바리스타는 완벽한 에스프레소 추출과 벨벳 느낌의 밀크 스티밍과 카푸치노 만드는 기술을 익히며 라떼아트의 원리와 동작에 대해 연구하여 눈으로 마실 수 있는 행복감도 함께 부여하면 더 좋다.

라떼아트의 모양과 맛을 동시에 잡으려면 3가지 요소가 필요한데, **추출(brewing)**, **우유거품내기(foaming)**, **붓기(pouring)**이다.

추출(brewing)은 에스프레소 추출기준에 맞게 잘 추출해야되며, 우유거품내기(foaming)는 고운 우유거품이 준비되어야 하며, 붓기(pouring)는 크레마를 안정시키며 잘 부어야 한다.

〈우유 거품의 종류(foaming)〉

1) 기본 폼 semi form

라떼아트를 만들 때 가장 많이 사용하며, 이탈리아 정통 카푸치노에 사용되는 우유거품이다. 우유 100ml로 125ml의 거품 우유를 만드는 정도가 좋다.

2) 웨트 폼 wet form

라떼아트에서 많이 사용하는 거품이다. 플랫화이트에 사용하는 얇은 형태의 우유 거품도 웨트폼에 속한다. 외관이 거품이라기 보다 크림과 같은 고운 느낌을 준다.

3) 드라이 폼 dry form

거품이 많이 발생해 푸석푸석해 보이는 정도이다. 밀도가 낮고 건조한 느낌을 주므로 카푸치노와 카페라떼에 적절하지 않지만, 최근 차가운 음료에 사용하는 경우가 늘고 있다. 사용하는 우유량의 2배 정도의 거품량을 만든다.

Chapter 5. 라떼 아트

〈라떼 아트의 완성도를 평가하는 지표〉

1) 크레마 안정화

흔히 스티밍한 우유를 에스프레소에 부을 때 잔이나 물줄기를 돌리면서 크레마와 우유가 잘 섞이도록 하는 동작을 '안정화'라고 한다. 이른바 문양이 그려질 바탕을 고르게 하기 위한 동작이다.

> **Tip**
>
> 〈푸어링에서 피처의 높이〉
> - 너무 높으면 낙차에 의해 우유가 에스프레소 위로 다시 솟구쳐 올라 무늬와 바탕을 구분하는 경계의 선명도가 떨어진다.
> - 너무 낮으면 우유거품이 불규칙하게 위로 떠 무늬와 바탕을 구분하는 경계의 선명도가 떨어진다.

2) 핸들링

피처를 잡은 손목의 힘을 빼면서 좌우 반동으로 우유 무늬의 결을 만들어내는 동작이다.

① 좌우 대칭(symmetric)

아트가 좌우 대칭이 잘 될수록 좋다.

② 색상 대조(color contrast)

크레마는 거의 붉은색, 우유 거품은 흰색의 컬러로 색상의 대조가 선명해야 한다.

③ 분량(volume)

잔을 넘쳐선 안 되며 표면이 잔의 아래로 내려와 푹 꺼진 듯 보여선 안 된다. 아트의 크기는 잔의 가장자리에서 0.5cm~1cm까지 가득 차도록 하는 게 좋다.

좌우 대칭(symmetric)

색상 대조(color contrast)

분량(volume)

Chapter 5. 라떼 아트

④ 비율(ratio)
7:3의 비율로 우유의 면적은 60~70%, 크레마의 면적은 40~30%를 차지해야 함.

⑤ 위치(position)
아트가 잔의 정 중앙부에 형성돼 상하좌우가 치우침이 없어야 한다. 아트의 대칭선이 잔 손잡이의 연장선과 수직을 이뤄야 한다.

⑥ 반짝임(shiny), 광택
우유 거품이 미세하고 고울수록 형성된 아트는 빛을 많이 반사시킴에 따라 반짝거려서 더욱 멋스럽게 보인다.

⑦ 맛(flavor)
에스프레소와 우유의 비율을 잘 조절하고 우유를 적절한 온도로 거품냄으로써 한 잔에 담긴 음료가 향미적으로 카페라떼로서 향미의 면모를 잘 갖추어야 한다.

01 중앙 모으기

라떼아트의 가장 기본이 되는 동작으로 가장 중요한 것은 선명함과 중앙에 그리는 것이다.

크기를 자유롭게 조정할 수 있는 연습을 위한 것이며 커피 표면의 크레마와 우유 거품의 밀도가 같아지면서 가라앉거나 위에 얹어질 때 떨어뜨리는 높이와 속도에 변화를 주어 중앙에 바르게 모으는 연습이다. 항상 스팀 피처의 주둥이(스파웃)가 크레마와 접촉하지 않도록 연습한다.

우유 스티밍 후 스팀 피처에 담긴 우유는 롤링과 굵은 거품을 제거하는 두드리기를 통해 우유와 거품의 밀도를 확인하면서 중앙 모으기를 하는 것이 좋다. 또한, 두 개의 스팀 피처를 이용한 분배하기를 통해 스팀 피처에는 잔의 양보다 조금 더 많은 양의 우유와 거품이 있어야 푸어링 등 기술을 익히는 데 유리하다.

1. 팁다운 방법의 중앙 모으기

한쪽에 잔을 들고 한쪽 손에는 스팀 피처를 들고. 위에서 아래로 내리면서 우유 거품이 크레마 위에 띄워지며 원형의 모양이 만들어지도록 한다. 얹어지는 높이와 붓는 속도에 따라 원의 크기가 달라진다.

우유와 거품의 상태에 따라 너무 크게 원이 만들어진다고 느껴질 때에는 높이를 서서히 올리면서 소량의 우유가 들어가게 하면 크기가 더 이상 커지는 것을 방지할 수 있으며 반대로, 높이를 더 낮게 그리고 약간의 속도를 높이면 원의 크기가 더 커지게 할 수 있다.

또한, 효과적인 연습을 위해서는 높이와 속도, 잔을 잡는 손의 각도 조절을 해야 한다.

Chapter 5. 라떼 아트

한쪽에 카푸치노잔을 들고 다른 한쪽 손에는 스팀 피처를 들고. 좌우로 흔들면서 우유와 거품을 부어 주면 우유 거품이 떠오르면서 결이 생기게 된다.

좌우 흔들기 방법을 연습하는 이유는 푸어링과 좌우 흔들기를 할 때 원이나 하트 등의 대칭을 무너 뜨리지 않게 하기 위함이다.

2. 핸들링을 이용한 라떼아트

1) 민무늬 하트

① 잔을 기울여 잔속의 바닥 가까운 곳에 스팀밀크를 따른다.
② 1/3 정도 채워지면 잔의 뒷부분에서부터 피처를 기울여 우유를 부어 주기 시작한다.
③ 원형의 무늬가 형성되면 약간씩 앞쪽으로 전진하면서 계속 따른다.
④ 피처의 높이를 들어 스팀우유의 물줄기 양을 줄여준 후 중심에 선을 그어준다.

2) 결 하트

① 잔을 기울여 에스프레소 가운데에 스팀밀크를 부어주며 표면이 약간 경화될 수 있도록 한다.
② 1/3 정도 채워지면 우유의 낙차를 줄여 잔의 뒷부분에서부터 피처를 좌우로 흔들며 결을 만들어준다.
③ 결이 생긴 원형 무늬가 형성되면 사선으로 피처를 잔에서 떼며 천천히 앞으로 나간다.
④ 낙차지점이 원형의 무늬를 벗어나면 우유 따르기를 멈춘다.

3) 하트 인 하트

① 잔을 기울여 잔의 50% 스팀밀크를 따른다.
② 중앙을 기준으로 1cm 위쪽으로 핸들링을 하여 원형 무늬가 형성 되면 약간씩 앞쪽으로 전진하면서 계속 따른다.
③ 1cm 위에 같은 방법으로 하트를 한 개 더 그린 후 피처를 높이 들어 스팀우유의 물줄기 양을 줄여 준 후 중심에 선을 그어준다.

Chapter 5. 라떼 아트

4) 5단 튤립

① 잔을 기울여 에스프레소 가운데에 스팀밀크를 부어주며 표면이 약간 경화될 수 있도록 한다.
② 하트를 그릴 때보다 더 아래쪽에 작은 원을 하나 그려준다.
③ 그려진 원의 약 8mm 정도 뒤쪽에서부터 다른 원을 그려주면서 피처를 앞으로 적당히 밀어준다.
④ 마지막 5번째 원을 그린 후 유량을 줄여준 후 피처를 높이 들며 중심에 선을 그어준다.

5) 로제타

① 잔을 기울여 잔 속의 바닥 가까운 곳에 스팀밀크를 따른다.
② 우유가 채워지면 피처를 좌우로 흔들며 잔의 앞부분부터 뒤쪽으로 피처를 움직이며 뒤로 뺀다.
③ 잔의 끝 쪽까지 왔을 때 피처를 높이 들어 중앙을 가르며 앞쪽으로 오며 마무리한다.

6) 스완

① 잔을 기울여 잔의 40% 스팀밀크를 따른다.
② 잔의 양 사이드부분에 로제타를 하나씩 그린다.(로제타의중앙 부분으로 마무리 짓지 않고 잔의 가운데 기준 안쪽 경계선을 따라 마무리 짓는다.)
③ 양 로제타가 만나는 가운데 아래 부분부터 핸들링 없이 윗 쪽으로 스팀우유를 부어 백조의 목을 그린 후 하트로 마무리 한다.

7) 잔돌리기

① 잔을 무늬가 향하는 방향으로 기울이며 스팀밀크를 30% 따른다.
② 스팀밀크를 일시적으로 강하게 부어 잔 속에 유속을 만든다.
③ 유속에 맞춰 가볍게 핸들링 하여 기형학적 무늬를 만든다.
④ 어느 정도 잔이 채워지면 마무리 그림(로제타, 하트 인 하트 등)을 그린다.

Chapter 5. 라떼 아트

제2절 에칭 아트(Etching art) 하기

에칭(etching)은 바늘처럼 뾰족한 도구를 말하며 에칭 아트(ething art)는 에스프레소와 스팀밀크가 혼합된 윗 부분에 뾰족한 도구를 이용하여 그림을 그리는 것을 말한다. 우유를 부으면서 문양을 만드는 기법에 비해 표현할수 있는 방법이 다양하고 훨씬 섬세한 문양을 만들 수 있다.

01 도구를 이용한 에칭아트

1. 모자쓴 아기

1) 잔을 기울여 잔 속의 바닥 가까운 곳에 스팀 밀크를 따른다.
2) 컵의 중앙에서 좌우로 흔들며 강낭콩 모양을 만들 듯이 조금씩 앞쪽으로 와서 멈춘다.
3) 우유거품 바로 뒤에서 스팀밀크를 부으며 첫 번째 만든 거품 안으로 집어넣는다.
4) 동그란 원이 생기면 피처를 들어 마무리한다.
5) 에칭펜을 이용하여 눈, 코, 입을 만든 후 마무리한다.

2. 소

1) 잔을 기울여 잔 속의 바닥 가까운 곳에 스팀 밀크를 따른다.
2) 컵의 중앙에서 좌우로 흔들며 원형의 거품을 만든다.
3) 거품의 스푼으로 떠서 귀와 뿔 부분을 만든다.
4) 에칭펜을 이용하여 눈과 입, 뿔로 마무리를 해준다.

3. 수달

1) 잔을 기울여 잔 속의 바닥 가까운 곳에 스팀 밀크를 따른다.
2) 컵의 중앙에서 좌우로 흔들며 원형의 거품을 만든다.
3) 에칭펜을 이용하여 눈과 수염을 만들고 마무리해 준다.

Chapter 5. 라떼 아트

4. 곰돌이

1) 잔을 기울여 잔 속의 바닥 가까운 곳에 스팀 밀크를 따른다.
2) 컵의 중앙에서 좌우로 흔들며 원형에 가까운 모양으로 우유 거품을 와서 멈춘다.
3) 우유거품 바로 뒤에서 스팀밀크를 부으며 첫 번째 만든 원보다 작은 원을 밀어 넣어주며 멈춘다.
4) 스푼을 이용해 거품으로 귀를 만든다.
5) 에칭펜을 이용하여 눈, 코, 입을 만든 후 마무리한다.

5. 플라워 병아리

1) 잔을 기울여 에스프레소 가운데에 스팀밀크를 부어주며 표면이 약간 경화될 수 있도록 한다.
2) 하단 부분은 3단 하트인 하트를 그려주고 4번 째 원은 1cm 뒤에서 그려준다.
3) 에칭펜으로 각 라인을 그어준다.
4) 모든 에칭펜의 라인은 한 번씩 그어준 후 행주로 닦고 그려준다.

6. 장미

1) 잔을 기울여 에스프레소 가운데에 스팀밀크를 부어주며 표면이 약간 경화될 수 있도록 한다.
2) 가로로 선을 하나 그어준 후 가운데 선을 기준으로 양 방향으로 밀어 넣으며 원을 그려준다.
3) 장미의 봉우리 끝에 에칭펜으로 소문자 Y를 그려 마무리 해주고 흰 우유거품을 이용해 바깥 무늬를 그려준다.
4) 모든 에칭펜의 라인은 한 번씩 그어준 후 행주로 닦고 그려준다.

7. 다양한 에칭

아마레또 모카치노

에스프레소 마끼야또

스위티 라떼

Chapter 5. 라떼 아트

02 쵸코 소스 & 쵸코 파우더를 이용한 에칭 아트 Sauce etching art

색이 있는 소스 및 시럽 파우더를 이용하여 라떼 위에 소스로 틀을 만들고 에칭(etching)으로 선을 이어 그리는 기법을 소스 에칭 아트(sauce etching art)라 한다. 에스프레소의 갈색과 우유의 흰색, 그리고 여러 가지 소스의 색을 이용하여, 다양한 그림을 카페라떼에 입힐 수 있다.

1. 르네상스

1) 잔을 기울여 잔속의 바닥 가까운 곳에 스팀 밀크를 따른다.
2) 중앙에 우유거품을 올린다.
3) 우유거품 안에 초코시럽으로 원을 그려준다
4) 다시 작은 원 밖으로 원을 하나 더 그려준다.
5) 에칭펜을 이용해 중앙에서 바깥으로 빼준다.
6) 에칭펜을 이용해 빼준 사이사이 바깥에서 중앙까지 들어와 마무리한다.

2. 타지마할

1) 잔을 기울여 잔속의 바닥 가까운 곳에 스팀 밀크를 따른다.
2) 스팀 피처를 이용해 원을 만들어 준다.
3) 쵸코소스를 이용해 띠를 그리며 가다 우유거품 주위로 원을 만든다.
4) 띠를 두 번 그려준 후 멈춘다.
5) 에칭펜을 이용하여 원을 그린 곳에 중앙을 가른다.
6) 다시 에칭펜을 이용해 반대로 원의 끝부분에서 U자형으로 빼준다.
7) 반대편도 같은 방식으로 하여 마무리한다.

3. 커피 꽃

1) 잔에 초콜릿 소스나 파우더를 넣는다.
2) 잔에 갓 추출한 신선한 에스프레소를 넣어 소스나 파우더를 잘 녹여준다.
3) 우유 스티밍을 한다. (이때 거품의 양이 많지 않게 해야 소스가 가라앉지 않는다.)
4) 잔에 스팀우유를 부어 80%를 채워준다.
5) 잔의 테두리에 우유거품을 떠서 가운데 동그라미에 크레마가 표현될 수 있게 올려준다.
6) 크레마 동그라미를 따라 초코소스를 부어 원을 그려주고 아트펜으로 에칭하여 마무리한다.

4. 국화

1) 잔을 기울여 잔속의 바닥 가까운 곳에 스팀 밀크를 따른다.
2) 초코시럽을 이용해 회오리 모양으로 띠를 올려준다.
3) 에칭펜을 이용해 바깥에서 중앙까지 십자를 먼저 그려 간격을 맞춘 후 그려준다.
4) 다시 반복적으로 바깥에서 중앙까지 그린 후 마무리한다.

5. 오리

1) 흰 우유거품이 잔의 전체에 퍼질 수 있도록 안정화에서부터 우유 낙차를 줄여 원을 크게 그려준다.
2) 초코소스를 이용하여 골뱅이 모양을 그리며 오리의 바탕을 그리고 위에 원을 하나 그려준다.
3) 오리의 모든 라인은 중심에서부터 바깥으로 라인을 그려주고 상단 부분의 별은 바깥으로 뺀 라인 사이사이에 안쪽으로 그려준다.
4) 모든 에칭펜의 라인은 한 번씩 그어준 후 행주로 닦고 그려준다.

6. 스완

1) 흰 우유거품이 잔의 전체에 퍼질 수 있도록 안정화에서부터 우유 낙차를 줄여 원을 크게 그려준다.
2) 초코소스를 이용하여 날개와 목의 바탕을 그려준다.
3) 날개는 바깥에서 안쪽으로 그리되 일직선이 아닌 곡선으로 라인을 그려준다.
4) 목은 S자를 그리며 위쪽 방향으로 올리며 그려준다.
5) 모든 에칭펜의 라인은 한 번씩 그어준 후 행주로 닦고 그려준다.

Chapter 5. 라떼 아트

제3절 스텐실 아트 만들기

스텐실(Stencil)은 글자나 무늬, 그림 따위의 모양을 오려 낸 후, 그 구멍에 파우더를 넣어 그림을 찍어 내는 기법을 말하는데, 커피에서 스텐실 라떼아트란 스텐실의 모양을 내어 우유 거품 위에 파우더와 함께 하는 아트를 뜻한다. 어려운 아트가 아니라 초보자들도 쉽게 할 수 있는 아트이다.

　스텐실은 주로 아크릴, 스테인레스 재질을 사용하는데 라떼아트에 사용하는 스텐실의 규격은 지름 8.5cm, 길이 13cm, 두께 1.5mm 정도를 사용한다.

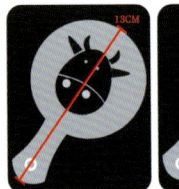 

스텐실 아트의 제조 순서

① 원두를 갈아 라떼잔에 에스프레소를 내린 다음 스팀 피처에 우유를 스티밍하여 부어준다.

② 거품을 올린 뒤 준비한 커피잔 입구 크기에 맞는 스텐실을 커피잔 표면에 올려 놓는다.

③ 원하는 종류의 파우더를 뿌려준다.
이때 카푸치노는 시나몬, 초코파우더, 모카는 휘핑크림 또는 초코드리즐, 카라멜 드리즐, 바닐라 라떼는 코코아파우더를 주로 사용한다.

④ 살짝 스텐실을 떼어준다.

Chapter 6
커피 기계 운용

제1절 | 에스프레소 머신 운용하기
제2절 | 에스프레소 그라인더 운용하기
제3절 | 보조 커피 기계 운용하기

Chapter 6. 커피 기계 운용

제1절 에스프레소 머신 운용하기

01 에스프레소 머신의 종류

증기압을 이용한 커피 기계가 산타이스(Edourard Loysel de Santais)에 의해 개발되어 1855년 파리만국 박람회에 선을 보이게 되었다. 1901년 이태리 밀라노의 루이지 베제라는 증기압을 이용하여 커피를 추출하는 에스프레소 머신의 특허를 출원하였다.

1947년 가지아(Gaggia)는 스프링으로 동력이 전달되는 피스톤 방식의 머신을 특허 받았으며, 이로 인해 커피 가루를 더 미세하게 분쇄할 수 있게 되었으며, 크레마(Crema)의 생성을 가능하게 하였다.

1. 에스프레소 머신의 종류

에스프레소 머신의 종류	특 성
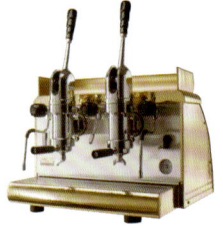 수동식 머신 (Manual espresso machine)	사람의 힘에 의해 피스톤을 작동하여 추출하는 방식
 반자동 머신 (semi-automatic espresso machine)	별도의 그라인더를 통해 분쇄한 후 탬핑을 하여 추출하는 방식으로 추출 버튼이 on-off로만 되어 있고 플로우 미터(Flow meter)가 없음
 자동, 반자동 겸용 (Two way automatic)	자동과 반자동 커피머신의 차이는 유량계(flowmeter)의 유무로 나뉘며, 겸용 머신의 경우에는 커피추출의 제반상황(입자 굵기, 날씨, 콩의 종류, 로스팅 정도 등등)에 따라 바리스타가 최적의 커피를 추출하는 데 용이하며 교육용으로도 활용가치가 높다.

Chapter 6. 커피 기계 운용

에스프레소 머신의 종류	특 성
 완전 자동 머신 (Super/fully automatic espresso machine)	그라인더가 내장되어 있어 별도의 탬핑 작업 없이 메뉴 버튼의 작동만으로 추출하는 머신
 자동 머신 (Automatic espresso machine)	탬핑 작업을 하여 추출을 하나 메모리칩이 장착되어 있어 물량을 자동으로 세팅할 수 있는 방식

02 에스프레소 머신의 구조

1. 에스프레소 머신의 구조

① 핫워터 디스펜싱 버튼
② 컵 워머
③ 작동버튼/커피 컨트롤 버튼
④ 스팀 레버/스팀 밸브
⑤ 스팀 완드/스팀 파이프
⑥ 디스펜싱 그룹 헤드
⑦ 포타 필터/필터 홀더
⑧ 온수 노즐 /핫워터 디스펜서
⑨ 스팀 및 추출 압력 게이지/
    보일러 프레셔 마노미터
⑩ 보일러 수위 표시계/
    보일러 프레셔 마노미터
⑪ 드립 트레이
⑫ 드립 트레이 그릴
⑬ 어드저스터블 푸트

NCS기반의 커피 관리 93

Chapter 6. 커피 기계 운용

03 에스프레소 머신 부품 설명

1) 핫워터 디스펜싱 버튼(hot water dispensing button) : 온수 추출 버튼.
2) 컵 워머 : 머신 상부에 올려 두면 컵의 온도가 유지 된다.
3) 작동 버튼/커피 컨트롤 버튼(coffee control button) : 커피 추출 버튼. 추출을 작동 하기 위한 버튼
4) 스팀 레버/스팀 밸브(steam valve) : 스팀을 배기하고 닫을 때 작동시키는 밸브.
   머신마다 작동을 위한 유격이 다르므로 유의한다.
5) 스팀 완드/스팀 파이프(steam pipe) : 스팀이 통과하는 노즐이다.
   우유에 담기는 부분이므로 청결상태에 각별히 신경을 써야 한다. 노즐 안에 들어간 우유를 빨리 제거하지 않으면 안에서 굳어 스팀이 약해지고 위생상 문제도 일으킨다. 사용할 때마다 스팀 노즐에 묻어있는 우유를 젖은 행주로 깨끗이 닦고 우유를 배출하기 위해 잠시 스팀을 분사한다. 이렇게 하는 것을 '퍼징(purging)'이라고 한다.
6) 디스펜싱 그룹 헤드(dispensing group head)
   추출수가 통과하는 그룹 헤드인데 온도를 일정하게 유지하는 게 매우 중요하다.
   그룹의 내부 구조는 통상 독립 보일러방식, 강제 가열 방식, 간접가열방식 등 세 가지로 구분된다.
   그룹의 크기는 52~58mm 등으로 다양하며, 재질은 동(copper)이다. 동은 열전도가 잘되고 열을 품는 성질이 강하지만 공기 접촉에 의해 부식이 일어나기 쉽다. 따라서 동으로 만든 그룹은 크롬으로 도금을 해서 부식을 방지한다.
   *그룹헤드의 구조 : 커피추출 시 압력이 밖으로 새는 것을 막아 주는 그룹
   가스켓(group gasket)과 크롬 바디그룹(chrome body group)에서 한줄기로 나온 물을 여러 가닥으로 나뉘어 떨어지게 하는 샤워홀더(shower holder)로 되어있다. 샤워 홀더는 물줄기를 포터 필터에 담겨 있는 커피 표면 전체에 골고루 분사시켜 주도록 더 나누어 주는 샤워스크린(shower screen)과 이를 고정하는 나사로 되어있다.
7) 포타 필터/필터 홀더(one-cup filter holder) : 한잔 분량 또는 두잔 분량의 의 커피 추출용 포타필터.
8) 온수 노즐/핫워터 디스펜서(hot water dispenser) : 뜨거운 물이 나오는 추출구
9) 스팀 및 추출 압력 게이지/보일러 프레셔 마노미터(boiler pressure manometer)
   커피 추출수의 압력을 표시하는 게이지. 일반적으로 0~15의 숫자가 표시돼 있으며, 적절한 범위가 대체로 녹색으로 표시되어있다. 정상 범위보다 높을 경우(바늘이 적색으로 갈 때)에는 다른 부품에 영향을 줄수 있으므로 정상 범위로 조절해야 한다. 에스프레소 머신이 멈추어 있는 상태일 때가 아니라 작동될 때 표시되는 수치가 정상적인 펌프의 압력이다.
10) 보일러 수위 표시계/보일러 프레셔 마노미터(water pressure manometer) : 스팀 보일러의 압력을 표시하는 게이지. 0~3의 숫자가 표시되어 있다. 머신이 멈춘 상태에서는 바늘이 '0' 정상적으로 가동될 때는 1~1.5를 가르친다. 바늘이 적색 범위에 놓이면 압력이 너무 높다는 표시이므로 정상 범위로

Chapter 6. 커피 기계 운용

조정해야 한다.

11) 드립 트레이(drip tray) : 머신에서 나오는 물을 받아 배수관으로 흘려 보내기 위한 받침대.
   Drip tray 밑에있는 배수통은 커피 찌꺼기가 흘러 내려가는 곳이므로 찌꺼기가 쌓여 관이 막히지 않도록 수시로 청소해야 한다.

12) 드립 트레이 그릴(drip tray grill) : 컵을 올려 놓는 곳으로, 수시로 행주로 닦고 마감할 때에는 분리해 물로 깨끗이 씻는다. drip tray grill에 이물질이 많이 묻어 있으면 커피잔 밑에 자국이 남는다.

13) 어드저스터블 푸트(adjustable foot) : 머신을 지탱하는 발.
   기계의 높이와 수평이 맞지 않는다면 발을 돌려 높이와 수평을 맞출 수 있다.

04 포타 필터의 구조

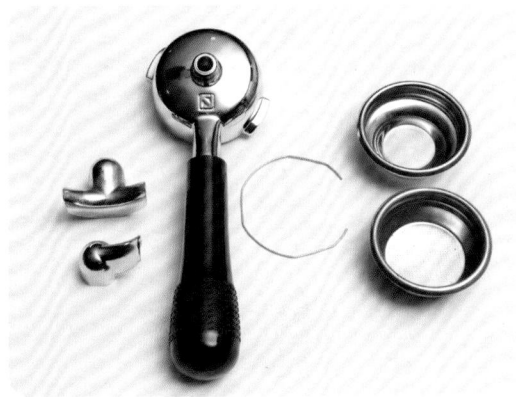

1) 필터홀더(filter holder) : 열을 유지하기 위해 일반적으로 동으로 만들어 진다.
   동은 열을 유지하는 성질은 강하나 부식 위험 때문에 크롬으로 도금한다.

2) 필터 홀더 노브(filter holder knob) : 포타 필터 손잡이.

3) 필터 홀더 스프링(filter holder spring) : 필터 고정 스프링.

4) 원컵 필터(1cup filter) : 한 잔 추출용 필터.

5) 투컵 필터(2cup filter) : 두 잔 추출용 필터.

6) 원컵 스파우트(1cup spout) : 한 잔 추출용 추출구.

7) 투컵 스파우트(2cup spout) : 두 잔 추출용 추출구.

*스파우트(spout) : 최종적으로 에스프레소가 나오는 곳이므로 항상 청결하게 사용해야 한다. 포터 필터를 사용해 커피를 추출하는 작업은 깨끗한 곳에서 수행하고 그룹에서 분리해 둘 때에는 스파우트가 drip tray grill이나 바닥에 닿지 않도록 주의해야 한다.

Chapter 6. 커피 기계 운용

05 에스프레소 머신의 분해

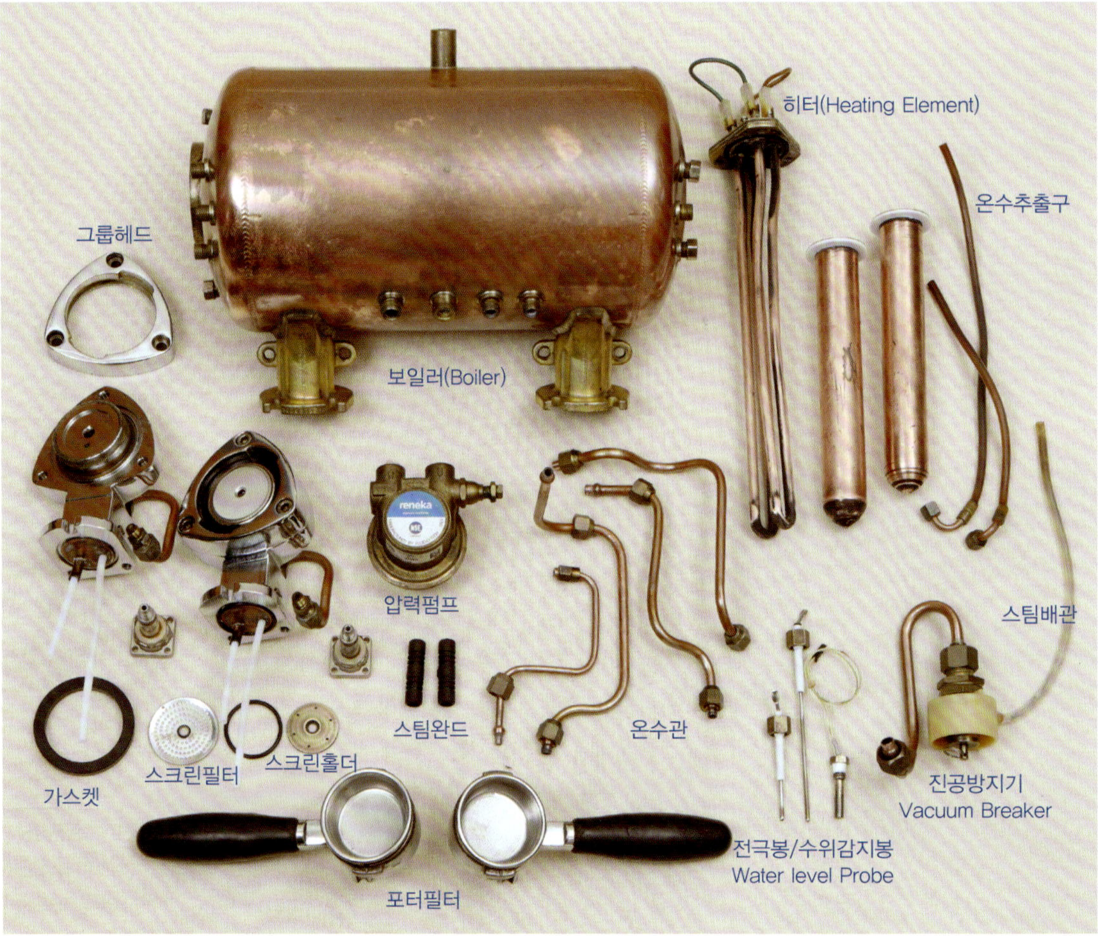

전기히터(동)

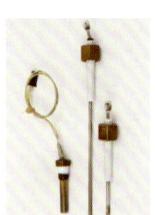
전극봉, 수위감지봉

3way 솔레노이드벨브
(Solenoid Valve)

컴포넌트파커

과압안전밸브
(Pressure Relief Valve)

Flowmeter 유량계
(Volumetric Flow Meter)

• 컴포넌트파커
• 코일파커

Chapter 6. 커피 기계 운용

부 품	기 능
 그룹헤드(Group head)	에스프레소 추출을 위해 물이 공급되는 부분으로 포터 필터를 장착하는 곳을 말한다.
 가스켓(Gasket)	추출 시 압이 새는 것을 막아 정상적인 에스프레소를 추출할 수 있도록 만들어 주는 역할을 한다. 추출 시 물이 새거나 포타 필터 장착 시 가스켓에 탄력이 없다면 즉시 교환한다.
 샤워 홀더(Shower holder/Diffuser)	그룹헤드 본체에서 한 줄기로 나온 물이 홀더를 지나면서 4~6개의 물줄기로 갈라져 필터 전체에 골고루 압력이 걸리도록 해 준다.
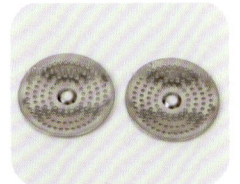 샤워 스크린(Shower/Dispersion screen)	샤워 홀더를 통과한 물을 미세한 수많은 줄기로 분사시키는 역할을 해준다.
 포타 필터(Porter filter)	분쇄된 커피를 담아 그룹헤드에 장착시키는 기구를 말하며 필터 홀더와 필터고정 스프링, 필터, 추출구 등으로 구성되어 있다. 포터 필터는 에스프레소를 최종적으로 만드는 곳이다. 따라서 온도가 내려가지 않도록 뜨겁게 유지하는 것이 중요하므로, 항상 그룹에 결합된 상태에서 대기시킨다.
 플로우 미터(Flow meter)	플로우 미터는 커피 추출 물량을 감지해주는 부품으로 고장이 나면 커피 추출 물량이 제대로 조절되지 않게 된다.

Chapter 6. 커피 기계 운용

06 커피 기계 세척하기

1. 그룹헤드 역류세척

그룹 헤드에서 커피가 정상적으로 추출되지 않거나 약하게 떨어지면 그룹 헤드의 문제이다.
　커피오일과 수질에 의한 이물질이 생겨 스크린 구멍이 막히거나 그룹 헤드 내의 추출 배관이 막힐 수가 있다. 매일 마감시 마다 그룹 헤드를 역류세척하여 여과망과 추출배관의 이물질을 제거하도록 한다.

2. 그룹헤드 약품 역류 세척

물로만 역류 세척해서는 이물질이 충분히 세척 되지 않으므로, 매주 1-2회 정도 약품으로 세척하여 스크린 구멍이 막히거나 배관 내 이물질이 생기는 것을 방지 하도록 한다.

Chapter 6. 커피 기계 운용

3. 포터 필터 청소

분쇄된 커피를 담아 그룹헤드에 장착시키는 손잡이가 달린 필터 홀더를 포터 필터라 하며, 한 잔(싱글 필터) 또는 두 잔(더블 필터)의 커피를 추출할 수 있게 두 가지가 있다. 필터에는 포터 필터 바스켓과 포터 필터, 포터 필터 스파우트로 구성되어 있으며, 주기적으로 바스켓의 마모나 손상이 없는지 체크해야 한다. 약 9bar의 높은 압력의 온수가 이 포터 필터 바스켓의 커피를 통과하게 되므로, 작은 솔이나 전용세제로 항상 청결을 유지하고 손상 시에는 교체해 줘야 한다. 교체 시 각각의 커피머신마다 포터 필터의 직경이 다양하므로 반드시 확인하고 알맞은 탬퍼를 사용하도록 해야 한다.

포터 필터와 인서트를 분리하면 커피오일 등의 찌꺼기로 인해 내부의 청결 상태가 나빠질 수 있다. 포터 필터와 인서트의 이물질을 제거해야 하는데 뜨거운 물을 그릇에 담고 약품(커피클린) 두 스푼을 넣고 저어 담가 둔다.

Chapter 6. 커피 기계 운용

4. 스크린과 고정 볼트 약품 청소

스크린과 고정 볼트에 커피오일등의 찌꺼기로 인해 이물질이 생기므로 그룹헤드의 스크린 볼트를 빼내서 브러시로 청소 후 약품에 담그어 깨끗이 세척한다.

07 커피 기계 진단하기

1. 펌프 모터 압력 게이지의 추출 압력을 확인

펌프는 수돗물의 압력(1~2bar)을 8~10bar로 올리는 역할을 한다. 펌프의 압력이 높거나 낮다면 에스프레소의 향미가 떨어지므로 펌프의 압력을 게이지를 통해 수시로 확인해야 한다. 펌프의 압력은 수압에 따라 변할수 있다.

   머신이 멈춘 상태에서는 게이지의 눈금이 일반적으로 가해지는 수압을 가르키고 있다. 작동하면 8~10bar로 압력이 높아진다. 압력이 틀릴 경우 펌프의 압력 조절부를 시계 방향으로 돌리면 압력이 높아지고, 시계반대 방향으로 돌리면 압력이 줄어든다. 압력을 조절할 때에는 기계를 작동시켜 놓고 조절한다.

2. 보일러 압력 게이지의 스팀 압력 확인

보일러 압력 게이지는 보일러 내 스팀의 세기를 나타낸다. 스팀 압력이 낮으면 우유를 데우거나 거품을 내기 어렵다. 보일러 압력 게리지는 항상 1~1.5bar에 있어야 한다. 에스프레소 머신을 켤때마다 보일러의 압력을 확인하는 습관을 길러야 한다.

Chapter 6. 커피 기계 운용

3. 온수 온도 확인

온수의 온도는 전자적 방식이 아니라 기계적 제어 방식으로 제어된다. 보일러에서 데워진 물이 스팀 압력에 의해 추출되는 경우와 보일러에서 데워진 물과 냉수가 희석되는 두가지 방식이 있는데, 모두 보일러의 압력과 온도의 영향을 받는다.

보일러에서 직접 추출하는 방식은 보일러의 온도와 압력이 정상적이면 추출구(hot water dispenser)에서 온수가 강하게 분사가 되고, 온도가 낮으면 차분하게 떨어진다. 온수의 온도가 낮다면 스팀 밸브를 열어 수동으로 보일러의 압력을 낮추면 히터가 작동돼 온도가 올라간다.

냉수와 혼합해서 추출되는 방식은 육안으로 확인이 힘들기 때문에 온도계로 추출수의 온도를 잰다.

4. 커피 추출용 물온도 확인

추출수의 온도는 커피의 맛과 밀접한 관계가 있으므로 수시로 확인해야 한다. 특히 일체형 보일러 머신은 온도 설정이 되지 않기 때문에 더욱 신경을 써야 한다. 독립형 보일러는 온도가 표시되므로 원하는 커피의 맛에 맞춰 온도를 조절하기 용이하다.

반면 일체형 보일러는 많이 사용하면 온도가 내려가고, 사용량이 적으면 온도가 올라가기 때문에 조절에 어려움이 있다. 온도가 낮으면 스팀을 배출하여 온도를 올리고, 높으면 그룹 헤드에서 추출수를 흘려보내며 낮춘다.

5. 커피 머신 예열 상태 확인

그룹의 예열 상태는 육안으로 확인하기 힘들다. 추출 조건은 모두 정상적인데 추출속도가 빠르다면 그룹 온도가 낮은 것이다. 추출 조건이 모두 정상적인데 크레마가 옅은 경우도 그룹온도가 낮은 경우이다. 독립 보일러 방식과 강제 가열 방식은 빠른 시간에 예열이 이루어지지만 간접 예열 방식은 시간이 좀 걸리는 편이다.

그룹이 예열되지 않으면 에스프레소 추출수의 열기를 빼앗아 추출할 때의 온도가 떨어진다. 그룹의 온도를 빨리 높여야 할 상황이라면, 보일러에 물이 데워지면 추출수를 흘려 보내면서 예열한다.

6. 그룹 가스켓 훼손 여부 확인

그룹 가스켓은 커피 추출 시 압력이 밖으로 새는 것을 막는 역할을 한다. 가스켓이 훼손되면 커피에 가해지는 압력이 떨어져서 양질의 에스프레소를 얻기 힘들다.

가스켓은 포터필터를 그룹에 장착했을 때 탄력이 느껴지지 않거나 추출 시 물이 새면 교환할 때가 된 것이다. 포터필터를 장착했을 때 정면에서 너무 많이 우측으로 돌아가는 경우도 가스켓 가운데에 홈이 생겨 교환시기가 된 것이다.

Chapter 6. 커피 기계 운용

7. 포터 필터 온도 확인

포터 필터의 예열 상태는 손으로 확인할 수 있다. 포터 필터는 그룹이 먼저 예열된 뒤 진행된다. 포터 필터의 온도를 항상 높게 유지하기 위해 매장 운영 시에는 그룹 헤드에 장착해 둔다.

8. 보일러에 유입된 공기 제거

일체형 보일러는 공간의 70%를 온수가 차지하고 나머지를 수증기가 채운다. 온수에는 커피 추출에 직접 사용되는 물을 저장하는 관이 한그룹당 한 개씩 들어있다.

일체형 보일러의 온도 조절은 온도 센서에 의해 제어되는 방식이다. 보일러에 공기가 차 있으면 히터가 가동될 때 공기가 팽창하여 압력 스위치를 작동하게 된다. 공기가 열을 받아 압력 스위치를 작동하면 온수는 데워지지 않았는데 보일러 압력 게이지는 1~1.5bar가 된다.

이렇게 되면 온수의 온도와 커피 추출수의 온도가 낮아진다. 온도계로 측정해 추출수의 온도가 낮은데도 보일러 게이지가 1~1.5bar를 나타내면, 스팀 밸브를 열어 공기가 있는지를 확인해야 한다.

스팀 밸브를 열었을 때 압력 게이지가 정상 범위에 있다면 공기가 없는 상태이다. 만일 공기가 있다면 압력 게이지는 0bar로 내려가고 히터가 가동되면서 다시 물이 데워지기 시작한다.

08 커피 기계 수리하기

1. 에스프레소 머신 내부

① 스팀 밸브 (Steam Valve)		스팀의 개폐를 담당한다. 스팀 밸브 손잡이를 돌리면 스팀이 나오기 시작한다. 많이 돌릴수록 스팀이 세게 나오고, 조금 돌리면 약하게 나오고, 일정 이상돌리면 스팀의 세기는 일정하다. 스팀의 세기는 스프링에 의해 조절되며, 스팀 밸브가 마모되면 밸브를 완전히 잠근 상태에서도 스팀이나 물이샌다. 이런 상태가 지속되면 머신을 작동하지않을때도 스팀이 새기 때문에 보일러에 압력이 떨어지게 되고, 압력이 떨어지면 보일러가 작동되므로 전기소모가 많아진다.
② 온수 전자 밸브 (Electronic Hot Water Valve)		전자석의 원리가 적용되며, 온수 버튼을 누르면 밸브의 코일에 전기가 공급돼 안에 있는 추가 당겨지면서 온수를 통과시킨다. 전기를 차단하면 다시 스프링에 의해 원위치하여 온수를 차단한다. 온수는 물량 감지 센서에 의해 작동되는 것이 아니라 메인 컨트롤 보드에서 시간을 입력시켜 작동하게 된다. 따라서 보일러의 압력에 따라 온수의 양이 약간 차이 날 수 있다.

Chapter 6. 커피 기계 운용

③ 커피 추출 전자 밸브		전자석 원리에 의해 작동되는 커피 추출 전자 밸브는 커피추출이 끝나면 남아 있는 압력과 물을 배출하기 위해 보일러와 배수로, 커피추출 그룹으로 연결되어 있다.
④ 과수압 방지 밸브 (Relief Valve)		급수의 과수압을 방지해 주는 안전 밸브이다. 과수압이 공급될때 만 작동하고 평상시에는 대기 상태에 있다. 불량이 생기면 펌프 모터가 작동할 때마다 배수통(drain tank)으로 연결된 관에서 물이 계속 나온다. 이런 상태로 커피를 추출하면 커피추출 속도가 느려진다. 이러한 현상이 생기면 전문가에게 의뢰해야 한다.
⑤ 펌프 모터 (Pump Motor)		에스프레소 추출에 필요한 압력을 만들어준다. 에스프레소의 맛과 향을 결정하는 중요한 요소는 일정한 압력(8~10bar)과 일정한 온도(섭씨 90~95도)이다. 그 중 하나인 압력을 만들고 유지해 주는게 펌프 모터이다. 펌프 모터는 1~2bar의 수돗물을 8~10bar의 압력으로 승압시켜주는 역할을 한다.
⑥ 역류 방지 밸브 (Check Valve)		보일러의 물이 역류하는 것을 막아준다. 펌프에서 나온 찬물은 통과하지만 보일러에서 데워진 물은 역으로 통과하지 못하도록 한다. 역류 방지 밸브에 이상이 생기면 기계 작동을 5분 이상 멈춘 후에 다시 작동을 했을 때 첫 산만 양이 다르게 추출된다. 이 증상을 방치하면 펌프에 무리를 가해 수명이 단축되고 첫 번째 추출된 에스프레소를 버리게 된다.
⑦ 물공급 전자 밸브 (Solenoid Valve 2way)		스팀 온수보일러에 물을 공급하고 차단하는 역할을 한다. 스팀 온수 보일러에 물을 공급할 때 작동하며 냉수를 통제한다. 스팀 온수 보일러에 물이 부족하면 전원이 공급되면서 밸브가 열려 냉수가 유입된다. 보일러에 물이 차면 밸브에 전원이 차단되면서 물공급이 중단된다. 밸브의 코일이 불량인 경우와 유동추가 오염되는 경우에는 고장이 난다. 코일이 불량하면 물이 공급되지 않으므로 코일을 교체, 유동추가 오염되었을 때는 기계가 작동되지 않더라도 보일러로 물이공급 된다. 이때는 수도밸브를 잠그고 기술자에게 연락해야 한다.
⑧ 유량계 (Flow Meter)		에스프레소 추출시 물의 양을 감지하는 센서이다. 에스프레소 추출시 입력된 물의 양을 감지한다. 플로미터에 이상이 감지되면 이상 증상을 기술자에게 말한다. 물이 흘러가는 부분이므로 임의로 분해하면 안전에 문제가 생길 수 있다.

Chapter 6. 커피 기계 운용

⑨ 히터 (Heater; Heating Element)		보일러의 물을 끓이는 역할을 한다. 머신 보일러에는 물속에서 발열하는 수식 히터를 사용한다. 히터는 물 밖에서는 부식이 일어나기 때문에 항상 보일러의 수위를 확인해야한다. 히터의 재질은 동이다. 물속에 잠겨 있기 때문에 스케일이 많이 낄수 있다. 그러므로 1~2년에 한번 씩 보일러를 청소할 때 히터의 스케일도 함께 제거해 주어야 한다. 히터에 스케일이 많이끼면 발열하는데 장애가 생기기 때문이다.
⑩ 보일러 (Boiler)		뜨거운 추출수와 온수, 스팀을 생산하는 부품이다. 보일러의 구조는 크게 두가지 형태로 이루어진다. 추출수와 온수가 같이 붙어 있는 일체형과 분리되어 있는 독립형이 있다. 일체형과 독립형 보일러는 각각 온도를 제어하는 방식이 다르다.
⑪ 진공 밸브 (Vacuum Valve)	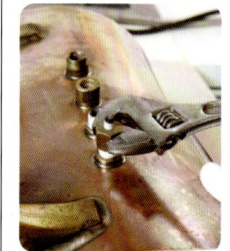	보일러의 공기를 빼는 역할을 한다. 머신의 전원을 꺼 압력이 0이 된 후 다시 기계를 가동할 경우 보일러 속의 공기를 빼주는 역할을 한다. 공기를 빼주지 않으면 공기가 열을 받아 팽창하면서 압력 스위치(pressure switch)를 작동하게 되고, 그렇게 되면 정상적인 온도를 유지할 수 없게 된다. 이런 현상을 없애기 위해 물이 데워지면서 조금씩 뜨거운 공기가 진공 밸브를 통해 빠져나가게 된다. 이는 수동으로 제거해주고, 기계를 작동한 뒤 20분쯤 후에 스팀 밸브를 열어 공기를 빼 주면 된다.
⑫ 수위 감지봉 (Water Level Probe)		온수나 스팀 사용 시 수위가 내려갈 때 이를 감지하여 물을 보충하도록 신호를 주는 역할을 한다. 스팀 온수 보일러의 70%는 항상 물로 채워져 있어야 한다. 수위 감지봉이 제대로 작동하지 않으면 70%의 온수와 30%의 스팀 공간을 확보할 수 없다. 물에 닿기 때문에 스케일이 낄 수 있고, 스케일이 끼면 감도가 떨어지게 된다. 수시로 수위 표시기를 통해 이상 유무를 확인해야 하며, 보일러 수위 표시기가 있는 기계도 있고 없는 기계도 있다. 없는 기계들은 전자적으로 감지한다.
⑬ 과압력 방지 밸브 (Safety Valve, Pressure Relief Valve)		스팀 온수 보일러의 압력이 과하게 올라가지 않도록 작동하는 안정장치이다. 이 밸브는 단지 과압이 생길 때만 작동하고 평상시에는 변화가 없어야 한다. 밸브는 1.7~2bar의 압력에서 작동한다. 밸브가 작동하면 머신을 끄고 기술자에게 연락한다. 스프링의 간격에 따라 압력의 세기가 결정되고 압력 차단 고무판이 경화되거나 케이스가 부식되면 스팀이 샌다. 고무판이 망가지면 고무판만 교환해주면 되지만 케이스가 망가지면 전체를 바꿔야 한다. 스팀이 새면서 옆에있는 부품을 부식시킬 수 있기 때문에 이상이 발견되면 빨리 조치해야 한다.
⑭ 압력게이지 / 보일러 압력 게이지		〈압력게이지〉 0~15까지의 숫자로 구성되어 있으며 에스프레소 추출 시 펌프 모터에 가해지는 압력.(물의 압력)을 표시하는데 기계가 작동할 때 표시되는 수치가 정확한 수치이다. 〈보일러 압력게이지〉 0~3까지의 숫자로 구성되어 있으며 보일러에서 생성된 스팀 압력을 표시하며 기계가 가동된 상태에서는 1~1.5bar를 항상 유지하고 있어야 한다.

Chapter 6. 커피 기계 운용

2. 커피기계 소모품 교체하기

1) 그룹 가스켓 Gasket 교체

그룹 가스켓은 사용량에 따라 다르지만 보통 4-6개월에 한번씩 교체해 주도록한다. 포터필터가 오른쪽으로 너무 많이 돌아가거나 그룹헤드와 포터 필터 사이에서 물이 떨어진다면 가스켓 교체해야 한다. 가스켓을 장시간 사용하면 단단해지며 오랫동안 사용하지 않을때는 교체시 부서지거나 분해 해야 하는 경우도 있으니 수시로 점검하도록 한다.

① 드라이버를 시계 반대 방향으로 돌려 그룹헤드의 스크린 볼트를 빼낸다.

② 그룹헤드와 스크린을 분리한다.

③ 스크린과 스크린 볼트는 따로 담아 분실 방지한다.

④ 가스켓 안에 송곳을 비스듬히 넣어 들어 올리면 그룹 헤드 안에서 가스켓이 빠진다.

⑤ 새 가스켓을 그룹헤드에 넣어 끼우고 드라이버로 눌러준다.

⑥ 그룹 헤드에 포터 필터를 끼워 가스켓을 완전히 고정 시킨다.

⑦ 가스켓이 완전히 고정되면 포터 필터를 빼낸다.

⑧ 스크린 볼트를 나사 구멍에 끼우고 드라이버를 시계방향으로 돌려 스크린 볼트를 조립한다.

Chapter 6. 커피 기계 운용

2) 커피머신의 기본 점검

장시간 마감 청소를 하지 않으면 스크린의 작은 구멍이 이물질로 막혀 커피가 제대로 만들어지지 않을 수 있다. 1주일에 한 번 정도는 스크린 세척을 하면 이를 방지할 수 있다.

① 그룹 안에 있는 고정 나사 드라이버를 시계 반대 방향으로 돌려 뺀다.

② 그룹 안에 있는 스크린을 뺀다.

③ 브러쉬로 고정나사와 스크린을 청소한다.

④ 머신클리너와 뜨거운 물에 담가준다.

⑤ 스크린을 그룹에 넣고 고정나사를 이용해 시계 반대 방향으로 돌려 고정한다.

Chapter 6. 커피 기계 운용

3) 샤워 필터 교체

포타필터에 적정량의 커피를 담고 탬핑 후 그룹헤드에 장착하면 샤워필터에 커피가루가 밀착 되어 있다. 추출 후엔 빈 포타필터 장착 후 추출 버튼 눌러서 청소를 해주어 항상 청결을 유지하고 손상 시에는 교체 해줘야 한다.

4) 정수기 필터 교체

정수기는 여과 재료의 활성탄이 흡착 작용에 의해 물의 불순물 분자를 여과시켜 주고 커피맛에 중요한 영향을 미치게 된다.

1) 커피 품질 관리 요구 사항에서 가장 중요한 것 중의 하나가 수질관리이다.
2) 수돗물에는 염소를 투입하여 정화시키는데 염소성분은 아주 미세한 양만 있어도 약품냄새 및 불쾌한 냄새가 나서 커피의 특별한 맛을 파괴시키고 품질을 떨어지게 한다. 커피에서의 염소의 성분은 0%이어야 한다.
3) 혼탁한 물과 부유물을 물리적으로 제거하는 필터의 능력의 따라 정수물의 맛이 달라진다.
4) 정수기의 활성탄소는 흡착작용이라는 처리과정을 거치면서 필요없는 맛과 냄새를 제거한다.
5) 물 가열 시 칼슘과 마그네슘 성분이 침전되어 보일러 가열기 및 탱크에 부착되어 물의 흐름을 방해하고 가열 피복 부분에 흡착되어 가열기의 성능 저하 및 전력소비를 증가시키며 장비의 작동을 중단시킬 수 있다.

Chapter 6. 커피 기계 운용

　여과 필터를 통과하면서 염소처리된 수돗물의 이물질이 제거되고 물을 가열하는 머신의 보일러에서 발생하는 스케일(광물질) 형성을 억제해야 한다. 대부분의 물은 여과될 수 없는 용해물질 형태의 광물질을 함유하고 있는데 물이 가열되면 광물질 성분 중의 칼슘과 마그네슘 성분이 침전하여 전기히터나 보일러 내벽, 배관 부품 등의 표면에 흡착하게 된다. 광물성 축적물은 물의 흐름을 방해하며 에너지 소비를 증가시키고 전기히터의 효율을 저하시킨다. 또한, 배관과 부품 사이로 스케일이 움직이면서 정상적인 작동을 방해하여 결과적으로 머신 고장의 원인이 될 수 있다. 정수기에 설치 일자, 교체 예정일자를 표시하여 여과 필터의 오염상태를 점검하여 여과 필터의 색이 흰색이 갈색이나 검정색으로 변해가므로 수시 체크하여 교체하도록 한다.

| 보일러에서 나온 스케일 |

Chapter 6. 커피 기계 운용

제2절 에스프레소 그라인더 운용하기

01 분쇄 Grinding

분쇄한 커피가루는 공기에 접하는 표면적이 넓어 산화가 급속도로 진행되며 또 커피의 향미 성분과 지용성 성분도 쉽게 녹아 나오게 된다. 맛있는 커피는 원두를 갓 갈아 내려야 좋은 향을 낸다.

분쇄할 때는 추출 기구에 맞춰서 가루 입자의 크기를 변화시키는 것이 중요하다. 입자의 크기를 [mesh]라 표시하는데, 입자를 동일하게 분쇄하기는 어려우나, 입도가 균일해야 같은 속도로 추출할수 있어서 맛이 일정하게 되므로 분쇄도에 신경을 써야 한다.

일반적으로, 에스프레소 머신이라면 극세분쇄, 융 드립이라면 중분쇄 정도가 적당하다. 예를 들어, 에스프레소 용의 가루로 융 드립을 내리면 필터가 막히는 현상으로 인해 쓴맛이나 산미, 또 맛의 진함이 과도하게 추출되는 결과가 되어 버린다. 도구에 맞는 분쇄 정도를 변화시키는 것은 이런 이유가 있기 때문이다.

분쇄 입자가 굵을수록 커피 성분이 적게 추출되어 과소 추출(under extraction)이 될 수 있으므로 추출 기구에 따라 알맞은 분쇄를 하여야 한다. 굵게 분쇄하면 같은양의 물을 주입했다 하더라도 분쇄 원두를 통과하는 물의 속도가 빠르므로 추출 속도가 빨라지고 커피맛은 부드러워진다. 반대로 가늘게 분쇄한 커피는 분쇄 표면의 표면적이 커지면서 더 많은 향미성분이 추출되고 느리게 추출되므로 진한맛의 커피가 된다.

(1) 굵은 분쇄(조분쇄)

커피 프레스와 같은 뜨거운 물에 커피 가루를 내리는 방법 등에 적합하며, 굵게 분쇄하는 방법이다.

(2) 중간 분쇄(중분쇄)

페이퍼 드립, 융 드립, 커피 메이커 등 천천히 커피를 추출하는 방법에 적합하며, 중간정도 분쇄하는 방법이다.

(3) 가는 분쇄(세분쇄)

페이퍼 드립(멜리타식), 마키네타(machinetta / 직화식 에스프레소 메이커) 등 사이펀이나 농후한 커피를 추출하는 방법 등에 적합하며, 거의 파우더에 가까운 정도 분쇄하는 방법이다.

(4) 아주 가는 분쇄(극세분쇄)

가장 가늘게 분쇄하는 것으로 쓴맛이 나오기 쉬우며, 극세 분쇄의 상태로 하기 위해서는 에스프레소용의 그라인더가 필요하다.

Chapter 6. 커피 기계 운용

| 추출 기구별 커피 분쇄도 |

분쇄도	아주 가는 분쇄		가는 분쇄		중간 분쇄	굵은 분쇄
분쇄도						
굵기 (mm)	0.3mm 이하		0.3~ 0.5mm		0.5~0.8mm	1.0mm 이상
	밀가루 굵기 정도	설탕보다 약간 가늘게	0.3mm 정도	0.5 mm 정도		
적용	이블릭/ 체즈베	에스프레소/ 모카포트	하리오/ 고노	사이폰	칼리타/ 멜리타	프렌치프레소
비고	추출할 커피의 분량, 추출 시간, 물의 온도, 로스팅 정도에 따라 분쇄도의 굵기는 변할 수 있다.					

1. 분쇄 시 유의점

(1) 분쇄 입자 크기의 균일성 유지한다.

분쇄입자가가 고르지 못하면 커피 입자마다 물과 접촉하는 면적의 차이로 용해 속도가 달라지고 이로 인해 커피 맛이 떨어지게 된다.

입자의 크고 작은 것이 혼잡 되어 섞여버리면 농도, 산미, 쓴맛이 얼룩진 느낌이 나서 잡스런 맛이 있는 커피가 되어버리므로 분쇄 입자가 균일해야 한다.

(2) 열 발생을 최소화 한다.

분쇄 시 발생하는 열은 커피의 맛과 향을 쉽게 변질시키므로 열의 과도한 발생을 줄여야 한다. 보통 그라인더의 온도를 식히기 위해 사용시간의 2배를 쉬어 주어야 한다.

(3) 분쇄 속도가 적당해야 한다.

분쇄기의 날이 마모되면 균일한 입자가 분쇄되지 않고 분쇄속도가 불규칙하므로, 날을 갈아주거나 관리하여 분쇄속도가 일정하게 한다.

(4) 기구에 따른 분쇄 정도를 조절한다.

원두를 내리기 전에 필요한 분량만을 분쇄하는 것이 좋다. 어느 기구로 커피를 내릴 것인가에 의해 분쇄 정도를 조절한다.

Chapter 6. 커피 기계 운용

(5) 추출 직전에 분쇄 한다.

분쇄된 원두는 수분 함량이 극히 적으며 표면적이 넓어지므로 공기 중의 수분을 쉽게 흡수하여 산화를 촉진하고, 흡수된 수분은 원두의 오일성분과 뭉치는 원인이 되어 추출 중에 물 흐름이 원활하지 못하게 된다.

(6) 미분(微粉) 생성을 최소화 한다.

가루의 균일성에 맞춰서 미분(아주 세세한 가루)의 발생률에도 주목해야 된다. 미분은 세포벽 파편으로 많이 혼잡된 커피 가루로 내리면 쓴맛, 떫은 맛이 두드러진 鈍重(둔중)한 맛이 되어 색도 혼탁해져 버리므로 미분이 발생하지 않도록 한다.

2. 분쇄도에 영향을 주는 인자

(1) 원두의 수분 함량

원두에 수분이 있으면 조직이 연해져서 분쇄 시 으깨어질 수 있으므로 로스팅 후 수분이 날아가게 한다.

(2) 원두의 경도 차이

수확연도와 원산지에 따라 생두의 품종에 따라 분쇄도에 영향을 미친다.

(3) 원두의 로스팅 정도

로스팅 정도에 따라 분쇄도를 달리한다.

3. 원두의 배전상태와 주입되는 물의 적정 온도

하이 로스팅	93℃ ~ 95℃
시티 로스팅	91℃ ~ 93℃
풀시티 로스팅	88℃ ~ 91℃

· 계절, 온도, 습도 등의 날씨 변화에 따라 물의 온도를 달리해 줄 수 있다.

4. 분쇄 커피양과 추출 커피양 기준표

	멜리타	칼리타	고노	하리오	추출적량
1인	12g	15g	20g	20g	120~150cc
2인	15g	20g	25g	25g	150~180cc
3인	21g	25g	30g	30g	200~300cc
4인	28g	30g	35g	35g	300~400cc

· 기호에 따라 원두량을 5g 정도씩 늘리거나 줄일 수 있으며, 추출후에 물을 희석하여 농도 조절이 가능하다.

Chapter 6. 커피 기계 운용

02 그라인딩 방식과 종류

원두를 가루로 분쇄하는 것을 '글라인드'라 하고, 분쇄하기 위한 도구를 '밀'이라 하는데, 일반적으로 전동 분쇄기를 '그라인더'라 부르고, 수동 분쇄기를 '핸드밀'이라고 부른다.

1. 그라인더 부품 설명

| 에스프레소 그라인더 구조 |

분쇄원리	그라인더 날의 형태			
충격식 Impact	칼날형 Blade	칼날이 회전하며 분쇄. 가격은 저렴 하나, 고른 분쇄나 굵기 조절이 어렵다(가정용).		
간격식 Gap	버형 Burr	코니컬형 Conical burr	소형그라인더나 핸드 그라인더에서 많이 사용. 저속으로 회전하여 마찰열 발생이 적지만 분쇄된 커피 입자가 플랫버에 비해 고르지 못함.	
		평면형 Flat burr	회전수가 높고 고른 분쇄 가능. 마찰력이 많아 열 발생 가능성 높음.	
			커팅 방식(Cutting mill) - 에스프레소용 그라인더	그라인딩 방식(Grinding mill) - 드립용 그라인더(맷돌 방식)
	롤형 Roll cutters	산업용 그라인더에 주로 사용하며 짧은 시간에 대량 분쇄가 가능. 간격식 분쇄기 중에 가장 균일한 분쇄 가능.		

Chapter 6. 커피 기계 운용

1) 호퍼

호퍼는 통과 뚜껑, 원두 투입 레버로 이루어져 있다. 뚜껑은 그라인더를 작동할 때 항상 호퍼에 결합해 습기와 공기의 접촉을 최대한 차단해야 한다. 호퍼에는 커피 오일이 많이 묻기 때문에 청소에 신경을 쓰지 않으면 시각적으로도 좋지 않고 커피맛에 영향을 미친다.

2) 입자 조절 손잡이

원두 입자의 굵기를 조절 하기 위한 손잡이이다.

3) 도저

에스프레소 그라인더의 도저는 여섯 개의 칸으로 나눠져 있다. 스프링을 돌려 위의 판을 올리고 내리면서 담기는 양을 조절한다. 원두 투입 조절 레버는 시계방향으로 돌리면 양이 줄어들고, 시계 반대 방향으로 돌리면 양이 늘어난다. 도저의 레버를 앞으로 잡아 당기면 시계방향으로 돌아가면서 분쇄된 커피가루가 밑으로 떨어진다. 도저는 분쇄된 커피가루를 보관하는 부분이므로 미세한 커피입자와 오일이 뒤섞여 내벽에 붙는다. 도저 내부에 낀채로 커피가루가 산패될 수 있으므로 수시로 청소해야 한다.

4) 도저 레버

그라인더의 도저를 작동하기 위해 레버장치가 있다.

5) 포타 필터 받침대

분쇄된 커피가루를 포타 필터에 담기 위해 포타 필터 받침대가 필요하다.

Chapter 6. 커피 기계 운용

6) 전원 스위치

원두 분쇄를 ON/OFF 하기 위해 동작 버튼이 있다.

7) 모터

커피를 분쇄 할 때 아래쪽 그라인더 날을 회전 시키는 역할을 한다. 모터는 그라인더 날을 회전 시키는 동력원이다. 주파수(헤르츠, Hz)에 따라 회전수가 바뀐다. 모터의 회전수가 빨라지면 커피가 더 빨리 분쇄되는 반면 날의 열이 높아 질수 있다. 모터에는 콘덴서가 장착되어 있는데 콘덴서는 그라인더의 스위치를 작동 하는 순간, 가지고 있던 전기에너지를 모두 모터를 돌리는 데 사용하고 방전된다. 모터가 돌아가면 콘덴서는 다시 충전되고 콘덴서가 충전과 방전을 제대로 수행하지 못하면 그라인더 모터는 작동하지 않는다. 콘덴서가 불량일 경우 커피는 갈리지 않고 '웅~' 하는 소리만 들리고 모터가 불량일 경우에는 모터 자체가 작동하지 않는다.

8) 받침대

분쇄된 커피 가루가 바닥에 떨어지지 않게 받침대가 필요하다.

Chapter 6. 커피 기계 운용

2. 핸드드립용 분쇄기의 종류

Chapter 6. 커피 기계 운용

03 그라인더의 분쇄 순서

순서	내용
① 그라인더 호퍼(Hopper) 투입구 오픈	호퍼(Coffee beans Hopper)에 원두를 넣은 다음 호퍼(Hopper closing Hatch)를 오픈한다.
② 입자 크기 조절	입자 조절기(Blade Adjusting ring)를 돌린다. 시계 방향으로 돌리면 입자가 가늘어지고, 시계 반대 방향은 입자가 커진다.
③ 원두 분쇄	스위치를 작동하면 원두가 분쇄된다. 한 티스푼 정도의 양만 분쇄하고 전원을 바로 끈다.
④ 입자 확인	손으로 입자의 크기를 확인한다.
⑤ 계량하기(Dosing)	계량할 때는 도저(Doser)에 많은 양을 분쇄하지 않도록 주의하며 도징레버(Dosing lever)를 여러 번 당겨 필터 홀더에 담는다.
⑥ 다지기(Tamping)	계량한 커피를 2잔용 필터 홀더에 담고 탬핑(Tamping)한다.
⑦ 추출	필터 홀더를 그룹에 신속히 장착하고 추출한다. 이때 먼저 원하는 시간과 원하는 양을 결정하고 추출하는 것이 바람직하다.

04 에스프레소 그라인더 청소하기

1. 그라인더 칼날 청소

그라인더 내부에 원두를 갈아주는 칼날이 있는데 이는 커피를 갈 때마다 이 칼날 사이에 커피 오일이 묻게 되어 청소를 해주지 않으면 오랜 시간이 지나 오일이 굳어서 원두의 갈림 상태가 일정하지 않게 된다. 그라인더 칼날도 청소를 해주면 커피 맛을 일정하게 유지할 수 있다.

① 그라인더의 전원을 끄고 플러그를 뽑은 후, 원두통의 원두를 비운다.

③ 스프링 4개를 빼낸 다음, 칼날을 마른 수건과 솔로 깨끗이 청소해준다.

② 조정접관에 오른쪽 방향으로 돌려 분리한 다음, 고정 칼날을 빼낸다.

④ 다시 조립한다.

2. 도저 레버 스프링 파손교체

그라인더의 내부의 도우저 레버 스프링 파손되었을 경우에는 다음과 같이 교체해 준다.

① 그라인더의 전원을 분리해 준 다음, 도저 내부에 위치한 볼트를 풀어준다.

③ 파손된 스프링을 교체해준 다음, 도저 캠버 하부에 레버를 끼운다.

② 도저 내부에 챔버 하부를 분리한 후, 챔버 하부의 스프링을 분리한다.

④ 도저 챔버 하부를 다시 조립해 준다. 조립 후 레버를 2~3회 작동하여 정상 여부를 확인한다.

3. 도저 분할판 빠짐조치

발생현상 : 도저 레버 작동시 분쇄된 원두의 일정양이 배출되지 않는다.

발생원인 : 도저 하부 분할판의 유격으로 인해 분할판이 빠졌을 경우 발생한다.

① 그라인더의 전원을 분리해준 다음, 도저 내부의 분쇄 원두를 모두 제거해준다.

③ 풀이두었던 노브를 돌려서 고정시킨 다음 그라인더의 전원을 연결한다.

② 도저 내부 중앙에 위치한 노브를 약간만 풀어줘 분할판이 움직일 수 있게 올려준 후, 정위치에서 이탈한 분할판을 돌려 제자리에 맞게 끼워준다.

④ 커피를 추출해 추출 시간을 측정하고 기준 시간에 맞는지 확인한다.

Chapter 6. 커피 기계 운용

05 그라인더 기본 점검하기

① 원두량 : 도저 핸들 레버 1회 당김(7~8g)

분할판은 6개로 나누어져 있다. 원두량 측정 시 최소 6번 이상 해주는 것이 정확한 측정을 위해 좋다.

기준보다 적게 떨어질 때 : 도저 중앙에 있는 레버를 시계반대 방향으로 돌려준다.
기준보다 많이 떨어질 때 : 도저 중앙에 있는 레버를 시계방향으로 돌려준다.

도저 핸들 레버 1회당 7~8g
도저 핸들 레버 2회당 14~16g

② 분쇄입자 조정

커피 그라인더는 날씨, 매장 온도, 사용횟수 등의 상황에 따라 원두 갈림 상태가 변하므로 추출 상태를 보고 조정해 주어야 한다.

추출이 빠를 경우 : 조정접관에 표시된 기준점에서 시계 반대 방향으로 눈금을 돌려준다.
추출이 늦을 경우 : 조정접관에 표시된 기준점에서 시계 방향으로 눈금을 돌려준다.

제3절 보조 커피 기계 운용하기

1. 온수 디스펜서

온수와 정수를 한 곳에서 추출할 수 있는 기계로 디지털 화면으로 온도를 확인할 수 있으며 예열기능 및 자동 수위조절이 가능하며 연속적으로 위생적인 온수를 공급해 줄 수 있는 것이 특징이다.

2. 정수기

물리적 또는 화학적 정화 과정을 거쳐 물을 깨끗하게 거르는 기구로 온수와 냉수를 추출할 수 있는 기능이 있다.

또한 정수기는 정수원리나 방식에 따라 자연 여과식, 직결 여과식, 이온 교환수지식, 증류식, 역삼 투압식 등으로 나눌 수 있다.

정수기는 2가지 형태로 분류할 수 있다.
① 직결형 : 수도꼭지에 직접 연결한 것.
② 저장형 : 기물을 용기에 담아서 필터를 통과하도록 한 것.

Chapter 6. 커피 기계 운용

3. 제빙기

대량의 얼음을 만들어 주는 기계를 말하며 제빙기 용량은 주로 30kg부터 200kg 이상까지 있으며 이때 용량이라고 하는 것은 단순 얼음을 저장할 수 있는 용량이 아니라 하루 동안 생산할 수 있는 양을 말한다.

제빙기는 냉각 방식에 따라 두 종류로 나눠볼 수 있다.

① 공냉식 : 얼음을 냉각하는 과정에서 팬의 바람을 통해 기계 밖으로 열을 배출하는 방식으로, 통풍이 잘 되고 먼지가 적은 곳에 주로 사용

② 수냉식 : 기기 내부에 물이 순환이 되면서 발생된 열을 발산하고 따뜻한 물은 배출하는 방식으로 작동하기 때문에 공간이 좁거나 열기가 많은 곳에 사용하기 좋은 방식

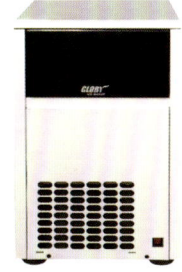

4. 빙삭기

얼음을 갈아서 빠르게 차가운 음료를 만들거나 빙수 등 얼음을 쉽게 먹을 수 있도록 만드는 기계이다.

관리는 마감시 일 1회 세정제를 얼음이 닿는 부분에 뿌려주며 전기코드는 반드시 뽑아 둔 상태에서 작업을 해야 한다.

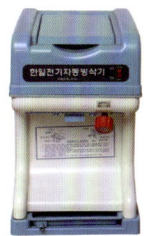

5. 블렌더

전동 믹서기로서 고속으로 칼날을 회전시켜 얼음과 음료를 곱게 갈 때 사용하는 기구로써 강·중·약의 회전 속도 조절장치가 장착되어 농도나 질감에 따라 속도를 조절할 수 있으며, 다양한 종류의 칵테일 재료 및 커피음료 재료를 혼합할 때 사용한다.

사용 후 안쪽의 칼날에 주의해서 청소해야 하며 반드시 잘 건조해 두어야 한다.

6. 당도계

수분내에 당 성분이 함유된 정도를 측정할 수 있으며 음식물의 당분 함유량을 측정하는 기계이다.

주로 로스팅 후 단계별 단맛을 측정하는데 쓰여진다.

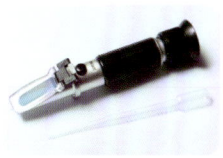

Chapter 6. 커피 기계 운용

7. 수분측정기

물질 안의 수분함량을 측정하는 기계이다.

커피에서 수분측정기의 사용은 생두상태를 측정할 때이다.

생두에는 수분이 존재한다. 수확 직후 파치먼트 상태일때는 수분함량이 평균 12% 이하여야 하며 시간이 지날수록 생두는 수분함량이 감소한다. 따라서 적당한 수분이 함류된 생두는 로스팅 후 커피맛과 품질을 결정하는 데 있어 필수요소이다.

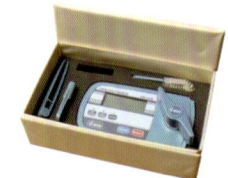

사용방법은 다음과 같다.
  ① 생두보관 및 건조상태에 따라 값을 선택한다.
  ② 크기와 모양이 균등한 생두 2~3알을 핀셋으로 사용하여 시료접시에 담는다.
  ③ 시료접시를 투입구에 넣고 핸들을 움직여 시료위를 닫아준다.
  ④ 이 상태에서 3회 반복 측정하여 평균 값을 사용한다.
  ⑤ 사용 후 솔을 이용해 시료접시와 핸들을 청소하고 수분측정기를 끈다.

8. TDS 측정기

TDS란 정해진 일정량의 부피의 물 속에 용해된 모든 고형분, 리터 당 밀리그램 또는 백만 파운드 단위로 표시되는 총 중량을 말하는 것이다.

커피에서는 TDS(**Total Dissolved Solids; 총용존 고형물**) 측정기를 사용하여 물 속에 용해된 커피의 양을 측정한다.

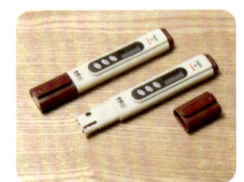

Chapter 7
커피 블렌딩

제1절 | 블렌딩 생두/원두 선택하기
제2절 | 블렌딩 방법 선택하기
제3절 | 블렌딩 선택하기

Chapter 7. 커피 블렌딩

제1절 블렌딩 생두/ 원두 선택하기

1. 사전 계획
커피를 블렌딩 하고자 하는 목적과 용도에 따라 사전 계획을 세운다.

2. 생두 선택
새로운 맛과 향을 만들기 위해 원산지와 품종별, 가공처리 방식에 따라 커피 생두/ 원두를 선택한다.

1) 골격을 구성하는 베이스 커피(Base Coffee)를 선택하라.

블렌딩 된 커피들 가운데 가장 많은 부분을 차지하는 '베이스 커피'는 산미가 낮고 바디가 묵직하며 풍부하며, 크레마가 많이 형성되고도 오래 지속되는 것이 적절하다. 브라질, 인도네시아 수마트라, 인도 몬순 아라비카 커피들이 대표적이다.

2) 로부스타(Robusta)를 섞을 것인지를 결정하라.

베이스 커피를 무엇으로 했는지가 로부스타 커피를 블렌딩에 사용할지를 결정한다. 보다 강한 맛을 내기 위해 카페인의 함량이 아라비카에 비해 2배인 로부스타를 혼합하는데, 그 비율은 고품질 로부스타라고 해도 10~20% 범위에서 정해지는 것이 일반적이다.

3) 향미를 담당하는 하이라이터 커피(Highlighter Coffee)를 선택하라.

블렌딩에서 아로마, 플레이버, 애프터테이스트를 담당하는 커피가 하이라이터 커피이다. 일반적으로 산미가 있고 바디가 다소 부족해도 전체적인 향미의 정체성을 드러내는데 큰 문제가 없다. 그러나 하이라이터 커피는 아로마와 플레이버가 풍부해야 하고 애프터테이스트는 기분 좋게 길게 이어져야 한다. 케냐, 르완다, 브룬디, 코스타리카 등 산미가 강한 게 하이라이터 커피로 적절하며 혼합 비율은 20~40%에서 결정하는 것이 일반적이다.

3. 로스팅 정도 결정
생두의 물리적-화학적 성격을 파악하고 로스팅을 통해 긍정적인 향미 성분들을 최대한 이끌어 내는 영역이 과학에 가깝다면, 블렌딩의 마지막 단계인 '향미의 균형 잡기'는 예술에 해당한다고 할 수 있다. 균형을 잡는 궁극적인 목적은 블렌드의 모든 특성들이 조화를 이루도록 해서 특정한 특성이 블렌드 전체를 지배하지 않도록 하는데 있다.

Chapter 7. 커피 블렌딩

4. 블렌딩 방식과 비율 결정

선 로스팅 후블렌딩 할것인지 선 블렌딩 후로스팅 할 것인지 결정한 후 블렌딩의 비율을 결정한다.

5. 추출 및 평가

테이스팅을 통해 적합하지 않다고 판단되면 수정 및 보완을 한다.

제2절 블렌딩 방법 선택하기

1) 블렌딩 방식

블렌딩 방식은 단종별로 각각 생두를 로스팅한 후에 블렌딩하는 방식과 생두를 일정 비율로 먼저 섞어서 한 번에 로스팅을 하는 방식이 있다.

① 로스팅 후 블렌딩 Blending After Roasting

방법

각각의 생두를 따로 로스팅을 하고 난 후 블렌딩을 하는 방법으로 기본으로 단종을 배전한 후 일정한 비율에 따라 섞는다. 그러나 각각의 생두의 비율이 다르므로 재고가 남을 수 있으니 원가관리에 신경 써야한다. 다품종 소량 생산에는 적합하고 각각의 커피를 따로 판매하는 커피전문점에 적합하다.

특성

- 생두의 특성과 개성을 최대한 발휘할 수 있다.
- 로스팅 횟수가 많고 재고관리가 어렵다.
- 항상 균일한 맛을 내기가 어렵다.
- 로스팅 색이 불균일하다.
- 자유도가 높다

Chapter 7. 커피 블렌딩

② **블렌딩 후 로스팅** Blending Before Roasting

방법

생두를 먼저 섞은 후 한꺼번에 배전하는 혼합배전 방법으로 정해진 블렌딩 비율에 따라 생두를 미리 혼합한 후 로스팅한다. 로스팅하는 동안에 원두끼리 향이 잘 어울려 균일한 맛이 나와서 좋으나 기계의 성능에 따라 차이가 날 수 있다.

특성

- 한 번만 로스팅을 하므로 편리하다.
- 로스팅 색이 균일하다.
- 재고 부담이 적다.
- 균일한 커피 맛을 낼 수 있다.
- 자유도가 떨어지며 로스팅 후 조절이 어렵다.

생두 → 로스팅 원두

2) 블렌딩을 하는 이유

① 새로운 맛과 향의 창조

② 개성있는 커피 개발

자신만의 특화된 커피를 개발함으로써 타 점포와 차별성을 부여할 수 있다.

③ 원가 절감의 효과

고가의 커피 맛을 살리기 위해 상대적으로 저렴한 원두를 혼합하여 대체함으로써 맛을 살리려 제조 원가를 낮출 수 있는 효과를 가져올 수 있다.

Chapter 7. 커피 블렌딩

제3절 블렌딩 선택하기

1. 에스프레소 블렌딩 Espresso Blending

에스프레소의 품질을 가늠하는 지표 중 하나가 크레마(Crema)이다. 이 때문에 에스프레소 블렌딩의 핵심은 '풍성한 바디감과 깊이 있는 맛'이다. 크레마 만을 스푼으로 떠서 맛을 보면 그다지 매력적이지 않다. 시각적으로 맛있어 보게 할 지 몰라도 향미에 결정적인 영향을 끼치지 않는다.

그렇다면, 에스프레소 블렌딩은 원하는 맛과 향을 내기 위한 주된 생두 와 원두를 선택할 수 있어야 하며, 맛과 향을 보완하고 개성이 있는 커피를 만들기 위해 다양한 배합비율을 선택 할수 있어야 한다. 이에 블렌딩 기법을 각각 별도로 구사하는 것이 일반적이지만, 아래 다섯 가지 방식에서 대표적인 커피들을 하나씩 선정해 블렌딩하는 방식으로 특유의 향미를 내기도 한다.

첫째, '강력한 인상'이다. 과테말라 안티구아, 코스타리카 타라주, 콜롬비아 킨디오 등 강한 산미를 발휘하면서도 클래식한 커피의 향미를 부여하는 방식이다.

둘째, '부드러운 느낌'이다. 멕시코 와하카-치아파스, 도미니카 공화국, 페루 찬찬마요, 브라질 산토스, 엘살바도르, 니카라과 커피 등 중간 정도의 바디감과 부드러운 산미를 특징으로 하는 커피를 섞어 부드러운 향미를 내는 것이다. 이들 조합은 특히 로스팅을 진하게 할 경우에 기분 좋은 초콜릿 느낌을 자아내기 때문에 유럽의 에스프레소 애호가들이 선호한다.

셋째, '화려한 열대의 향미'이다. 에티오피아 하라-예가체프-함벨라, 예멘 모카, 케냐 기차싸이니, 짐바부에, 파푸아뉴기니 커피 등 풍성한 과일향, 열대의 복합미, 와인 같은 산미를 부여해 개성 이 강한 향미를 빚어내는 방식이다. 특정 향미로 쏠릴 경우에는 너무 맛이 튄다는 거부감을 줄 수 있기 때문에 균형을 맞추는데 각별히 신경을 써야 한다.

넷째, '묵직한 무게감'이다. 인도네시아 수마트라 만델링-린통-아체, 술라웨시, 파푸아뉴기니, 티모르, 인도 몬순드 말라바 커피 등 한 모금 머금으면 입안의 점막을 무겁게 누르는 듯 묵직한 바디감과 길게 이어지는 풍부한 향미가 인상적인 면모를 강조하는 블렌딩이다. 산미 있는 커피를 부담스러워 하는 애호가들이 선호한다.

Chapter 7. 커피 블렌딩

　다섯째는 '로부스타 특유의 향미'를 과감하게 드러내는 블렌딩이다. 우간다, 인도, 멕시코 등지에서 워시드 가공법으로 최대한 긍정적인 향미를 이끌어 내고자 노력한 로부스타들을 블렌딩함으로써 풍성한 바디감과 깊이감을 표현할 수 있다. 이탈리아 남부, 특히 나폴리의 에스프레소를 상징하는 블렌딩 기법이다.

　에스프레소 블렌딩에서는 우유나 설탕, 파우더, 시럽 등이 혼합되는 베리에이션 메뉴의 맛도 고려해야 한다. 카페를 운영하는 입장에서는 손님들이 가장 많이 찾는 응용 메뉴가 무엇인지에 따라 블렌딩의 성격을 결정해야 유익할 수 있다.

Tip

〈컵 블렌딩 Cup Blending〉
컵 블렌딩은 로스팅에 비유하자면 샘플 로스팅과 같다. 혼합하고자 하는 커피들을 여러 종류 준비해 놓은 다음 스푼을 이용해 다양한 조합을 만들어 시음한다. 간단하게 스푼으로 비율을 조절해가면서 이상적인 맛을 내는 블렌딩 비율을 찾아내는 방식을 의미한다.

2. 커피 원두 배합 비율(블렌딩)

　먼저 각 산지별 단종 커피의 맛과 향의 특징을 파악하는 것이 중요하다. 먼저 각각의 단종 커피를 맛보고 각 커피에 대한 세밀한 평가서를 만든다. 블렌딩은 매우 섬세한 작업이기 때문에 각각의 커피들의 특징과 차이를 잘 이용하면 전혀 새로운 맛의 커피를 창조할 수 있는 것이다. 그러기 위해서는 어떤 커피를 얼마나 블렌딩 할 것인지 비율을 잘 잡는 것이 매우 중요하다.

　한 가지 독특한 맛을 살리기 위한 블렌딩 방법은 개성이 있는 커피에 중성의 커피(Nautrals)를 블렌딩하는 방법이다. 블렌딩에는 정해진 방법이나 규칙이 없다. 그러나 이상적인 방법은 몇 가지 커피를 혼합했을 때, 각각 고유한 특성을 지니고 있는 커피들이 서로의 맛을 보완해 줄 수 있어야 한다.

Chapter 7. 커피 블렌딩

	과테말라	콜롬비아	브라질	비고
A	10			향은 좋으나 쓴맛 강
	4	6		향 좋고 느낌좋고, 신맛 강
	4		6	향 부족 텁텁한 맛

	예가체프	콜롬비아	브라질	비고
B	10			강한 자극, 쓴맛
	4	6		약한 자극, 쓴맛
	4		6	쓴맛, 텁텁한 맛

	케냐	콜롬비아	브라질	비고
C	10			강한 자극, 쓴맛 강
	4	6		신맛 강
	4		6	밸런스 좋고 쓴맛이 깊다.

	과테말라	콜롬비아	브라질	케냐	로부스타	비고
D	3	4	3			약한 신맛, 바디감, 밸런스 좋음
	3	3	3	1		바디감 증가, 쓴맛
	3	3	3		1	바디감 증가, 구수함
	2	3	4		1	쓴맛 감소, 무거운 맛

	콜롬비아	브라질	과테말라	로부스타	비고
E	3	4	2	1	달콤한 쓴맛

	콜롬비아	브라질	과테말라	로부스타	케냐	비고
F	5	2	2	1		좋은 편 강한신맛
	3	4	3	2		약한 바디감
	3	3	2	1	1	바디감, 밸런스 좋음

	콜롬비아	브라질	과테말라	로부스타	케냐	볼리비아	비고
G	3	4		1	2		바디감 밸런스 최우수
	1	5	1	1	2		맛이 밋밋
	2	3	1	1	2	1	쓴맛 강조
	3	4	1	1	1		산뜻하면서 고소함

Chapter 8
커피 분류 평가

제1절 | 커피 생두 품종별 선택하기
제2절 | 커피 생두 가공처리 방법별 분류하기
제3절 | 커피 생두 원산지별 분류하기
제4절 | 커피 원두 선택하기

Chapter 8. 커피 분류 평가

제1절 커피 생두 품종별 선택하기

1. 커피 나무

커피나무는 꼭두서니(Rubiaceae)과의 코페아 속으로 분류되는 다년생 쌍떡잎 식물로 열대성 상록교목이다. 품종에 따라 10m 이상도 자라지만 나무의 키를 2~3m 정도로 유지해준다. 잎은 긴 타원형이고 두꺼우며 잎 표면은 짙은 녹색이고 광택이 난다. 아라비카 종은 폭이 좁고 길이가 긴 타원형이고, 로부스타 종은 둥글고 크기가 매우 크다. 약 3년이 되면 완전히 성숙하여 정상적 열매 수확이 가능하다.

2. 커피 꽃

커피나무를 심은 지 3년 정도 지나면 꽃이 피기 시작하는데, 꽃잎은 흰색이며 가지 부분에 여러 개가 한꺼번에 피고 크기는 2cm 정도이다. 꽃은 한 개의 암술과 보통 다섯 개의 수술로 이루어져 있으며 피어 있는 시간은 일주일 미만으로 쟈스민(Jasmine)향과 유사한 냄새로 아주 강하다. 꽃잎은 아라비카 5장, 로부스타는 5~7장으로 꽃이 피었다가 지는 기간은 약 한 달이 걸린다. 수정이 되면 꽃밥(Anther)이 갈색으로 바뀌게 되며 이틀 후 꽃이 지면 씨방 부분이 발달하게 되어 열매를 맺게 된다. 아라비카 종은 자가 수정에 의해 열매를 맺게 되며, 로부스타 종은 타가 수정에 의해 열매를 맺게 된다.

Chapter 8. 커피 분류 평가

3. 커피 체리 Coffee cherry

커피 꽃이 떨어지고 나면 그 자리에 열매가 맺게 된다. 초기에는 녹색을 띠다가 익으면 빨갛게 되는데 이를 체리(Cherry), 커피체리(Coffee cherry)라 부르며 길이는 15~18mm 정도이다. 과육의 당도는 비교적 높으나 두께가 약 1~2mm로 과육이 차지하는 부분이 적어 과일로는 이용되지 않는다.

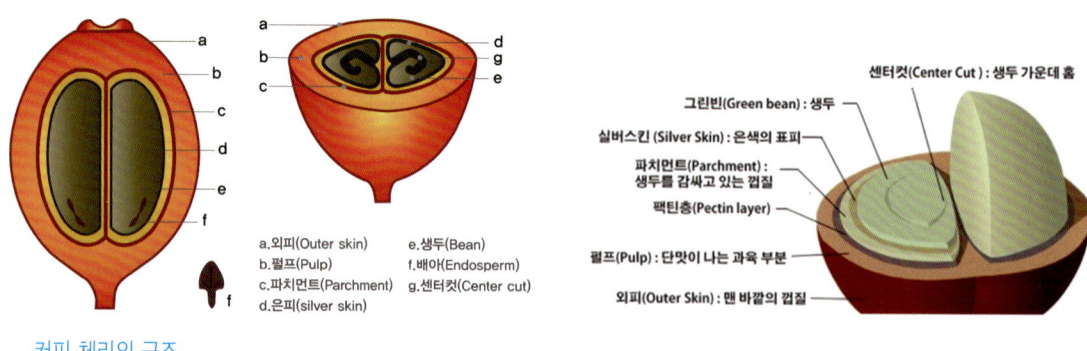

커피 체리의 구조

4. 생물학적 관점의 커피

커피 품종 중에서 코페아 아라비카(Coffea Arabica), 코페아 카네포라(Coffea Canephora), 코페아 리베리카(Coffea Liberica)를 삼대 원종이라고 하는데 오늘날은 Coffea Arabica, Coffea Canephora 두 종류만 주로 재배되고 있다.

　Coffea Canephora의 대표적인 품종은 '로부스타(Robusta)'이다.

| 커피의 품종 계통 |

Family	Genus	Sub-Genus	Species	Variety
과(科)	속(屬)	아 속(亞屬)	종(種)	품 종(品種)
Rubiaceae	Coffea	Eucoffea	Arabica	Typica
			Canephora	Robusta
			Liberica	Liberica

Chapter 8. 커피 분류 평가

01 커피 재배

1. 커피 벨트 Coffee Belt, 커피 존 Coffee Zone

커피는 적도를 중심으로 남위 25도에서 북위 25도 사이의 열대, 아열대 지역에 속하는 나라에서 주로 생산되며 벨트 모양처럼 위치하고 있다고 하여 이를 커피벨트(Coffee Belt) 또는 커피존(Coffee Zone)이라고 한다. 지구 온난화의 영향으로 그 범위는 점차 넓어지고 있다. 약 80여 개국에서 생산되고 있다.

2. 커피 생산국

1) 북 / 중앙아메리카

코스타리카, 쿠바, 도미니카 공화국, 엘살바도르, 과테말라, 하와이 온두라스, 자메이카, 멕시코, 니카라과, 파나마 등

2) 남 아메리카

볼리비아, 브라질, 콜롬비아, 에콰도르, 파라과이, 페루, 베네수엘라

3) 아프리카

앙골라, 베닌, 부룬디, 카메룬, 중앙아프리카 공화국, 콩고, 에티오피아가봉, 가나, 코트디부아르, 케냐, 리베리아, 마다가스카르, 이지리아, 르완다, 탄자니아, 토고, 우간다, 자이레, 짐바브웨 등

4) 아시아 / 태평양

인디아, 인도네시아, 필리핀, 스리랑카, 태국, 베트남, 예멘, 파푸아뉴기니 등

3. 커피 재배 조건

1) 기후

아라비카 종은 까다로운 생육 조건을 가지고 있는데, 연간 평균 기온이 15~24℃ 정도여야 하며 기온이 30℃를 넘거나 10℃ 이하로는 내려가지 않아야 하고 서리가 내리지 않는 지역이라야 한다. 강한 바람이 불지 않아야 한다. 또한 연간 총 강우량보다 월별 평균 강우량이 중요하며 지나치게 강한 햇빛과 열에 약하기 때문에 이를 가려주기 위해 다른 나무를 같이 심기도 한다.

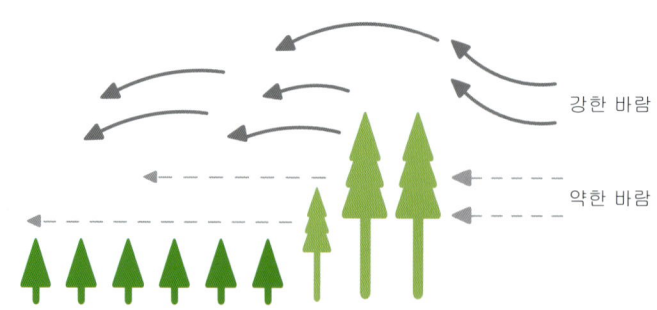

2) 지형과 고도

평지나 약간 경사진 언덕으로 표토 층이 깊고 물 보유 능력이 좋은 지역이 적합하다. 고지대에서 생산된 커피는 단단하고 밀도가 높으며 향과 플레이버(Flavor)가 더 풍부하고 맛이 좋고 더 진한 청록색의 빛을 띤다.

3) 토양

커피 경작에 적합한 토양은 응회암, 화산재 등이 좋다. 표토 층이 깊고 투과성이 좋아야 하며 약산성 pH 5-6이여야 하고, 점토질로서 배수가 잘 되며 물 보유력도 좋아야 한다.

4) 바람

바람이 강한 지역은 셰이드 트리(Shade tree)나 방풍림(Wind-break)을 심거나 방풍시설을 한다.

4. 번식 Propagation

1) 발아 Germination

커피는 일반적으로 파치먼트 상태로 심게 되는데 씨앗을 모판(Seed bed)에 심거나 흙, 퇴비와 비료를 혼합하여 폴리백(Polybag)에 채워 심는다.

2) 모판 Nursery

커피를 심어 묘목을 키우는 곳을 모판(Nursery)이라고 하는데 물 공급이 용이하고 해충의 피해가 없는 곳에 나무기둥을 세우고 그 위를 그물망이나 야자수 잎 등으로 지붕을 만들어 반그늘(Semi-Shade)을 만들어 준다.

3) 이식 Plantation 과 수확

이식은 우기가 시작되기 전에 하며, 커피나무는 심은 지 2년 정도가 되면 1.5~2m 정도까지 성장하며 그 시기에 첫 번째 꽃을 피우게 되고 약 3년 정도가 지나야 수확이 가능하다. 커피나무의 경제적인 수명은 약 30년 정도이다.

4) 가지치기 Pruning

커피나무는 품종에 따라 10m 이상까지 자라게 된다. 수확과 위생관리가 쉽도록 커피나무의 키를 2~3m가 유지되도록 가지치기를 해야 하고, 다음 수확을 위해 새로 난 가지를 최대로 만들어준다. 가지에 열매가 너무 많이 열리게 되면 수확량이 2년 주기로 줄어드는 현상이 생기므로 이를 막기 위해 가지치기를 필수적으로 해주어야 한다.

5. 그늘 경작법 Shade-grown coffee

셰이딩(Shading)은 커피가 아닌 다른 나무를 커피 재배지에 함께 심어 커피나무에 그늘을 만들어 주는 것을 말한다. 기름진 땅을 만들기 위해 거름 작업을 하고, 나무가 자랄 때까지 어린 나무를 보호하기 위해 나무 사이사이에 옥수수를 이용하여 사이짓기 작업을 한다.

이런 목적으로 심는 나무를 셰이드 트리(Shade tree)라고 하며 셰이딩(Shading)을 통해 경작된 커피를 셰이드 그로운 커피(Shade-grown Coffee)라고 한다.

Chapter 8. 커피 분류 평가

| 셰이딩 Shading의 단점 |

- 셰이드 트리의 뿌리가 얕고 넓은 지역에 퍼져 있는 경우 물과 영양분을 두고 커피나무와 경쟁하게 됨으로 커피나무 성장에 좋지 않은 결과를 가져올 수도 있다.
- 셰이드 트리는 주기적인 가지치기(pruning)가 필요하므로 그에 따른 노동력과 비용을 유발하게 된다.

6. 병충해

1) 커피잎 녹병 CLR, Coffee Leaf Rust

CLR은 아라비카에 치명적인 질병이며 1816년 아프리카 빅토리아 호수 주변에서 발견되었다. 이 병에 걸려 잎이 떨어지게 되면 수확량이 감소 되고, 나무의 성장을 방해하여 커피나무가 죽을 수 있다.

2) 커피열매병 CBD, Coffee Berry Disease

커피 탄저병균이 커피 체리를 공격하여 포자를 만들어 내는 병으로 체리를 썩게 해 떨어지게 만든다. 아라비카 품종이 이병에 감염될 시 많은 피해를 입는다.

Chapter 8. 커피 분류 평가

02 생두의 등급

1. 생두의 분류

	결점두		크기(스크린 사이즈)		생산고도
국가	분류내용	국가	분류내용	국가	분류내용
	산지명(상표명)		산지명(상표명)		산지명(상표명)
브라질	NO.2~NO.6	콜롬비아	Supremo, Exelso	코스타리카	SHB, HB
	Santos, Cerrad		Medelin, Amenia		Tarrazu
인도네시아	Grade 1 ~ Grade 6	케냐	AA, AB, C	과테말라	SHB, FHB, HB
	Mandhelling		Kenya AA		Antigua
에티오피아	Grade 1 ~ Grade 8	탄자니아	AA, A, B, C, PB	멕시코	SHG
	Yirgacheffe, Harrar, Sidamo		Kilimanjaro		Oaxaca
예멘	–	하와이	Extra Fancy, Fancy, Prime	자메이카	Blue Mt, High Mt, PW
	Mattari, Sanani		Kona		Blue Moutain

1) 산지 고도에 의한 등급 분류

명칭은 나라마다 다르나, 공통적으로 고도가 높을수록 품질이 뛰어나다. 고지대일수록 기온이 낮아지므로 재배되는 커피는 천천히 시간을 갖고 열매가 익기 때문에 맛과 풍미가 뛰어나다.

생산국명	대략의 고도	그레이드 (괄호안은 약칭)
멕시코	1000 ~ 1600m	알투라
	700 ~ 1000m	Prime Washed (PW)
과테말라	1600m ~	Strictly Hard Bean (SHB)
	1300 ~ 1500m	Hard Bean (HB)
	1200 ~ 1300m	Semi Hard Bean (SH)
	900 ~ 1050m	Extra Prime Washed (EPW)
엘살바도르	1200m ~	Strictly High Grown (SHG)
	900 ~ 1200m	High Grown (HG)
코스타리카	1200 ~ 1700m	Strictly Hard Bean (SHB)
	800 ~ 1200m	Hard Bean (HB)

Chapter 8. 커피 분류 평가

2) 스크린 사이즈에 의한 등급 분류

생두의 크기는 스크린 사이즈(Screen Size)로 분류된다. 스크린 사이즈는 1/64인치로 약 0.4mm이다. 예를 들어, Screen Size 18이라면 64분의 18인치의 구멍을 가진 체를 통과 하지 않는 콩을 의미한다. 일반적으로 생두의 크기가 클수록 등급이 높다.

생두의 크기는 '폭'을 기준으로 하며, 스크린 20(Screen#20)으로 표시한다.

| 생두 사이즈 분류 |

스크린 NO.	크기 (mm)	English	중앙아메리카, 멕시코	콜롬비아	아프리카, 인도
20	7.94	Very Large Bean	—	Supremo	AA
19	7.54	Extra Large Bean			
18	7.14	Large Bean	Superior		A
17	6.75	Bold Bean			
16	6.35	Good Bean	Segunda	Excelso	B
15	5.95	Medium Bean			
14	5.55	Small Bean	Tercera		C
13	5.16	Peaberry	Caracol		PB
12	4.76				
11	4.30		Caracoli		
10	3.97				
9	3.57		Caracolillo		
8	3.17				

 18/64 inch ≒ 7.14mm 이상의 생두인 경우를 스크린 18(screen #18)이라 한다.

| 스크리너 |

Chapter 8. 커피 분류 평가

2. 생두의 평가

1) 생두의 기간별 분류

① 뉴 크롭(New Crop) : 수확 ~ 1년
② 패스트 크롭(Past Crop) : 1 ~ 2년
③ 올드 크롭(Old Crop) : 2년 이상

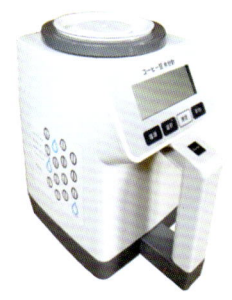

생두의 수분함량을 측정하는 기계

2) 생두 평가 기준

① 색상 : 짙은 청록색일수록 좋은 평가.
② 생산지대 : 고지대일수록 좋은 평가.
③ 품질 : 결점두가 적게 혼입되어 있고 크기가 균일할수록 좋은 평가.
④ 크기 : 조건이 동일하다면 생두 사이즈가 클수록 좋은 평가.
⑤ 밀도 : 밀도가 높을수록 좋은 평가.

3. 결점두 Defect bean에 의한 분류

국가	등급	기준
브라질	NY2 ~ NY8	6Defects ~ 450Defects
에티오피아	Grade1 ~ Grade8	NO Defects ~ Over 340
인도네시아	Grade1 ~ Grade6	Grade1 : 11Defects

Chapter 8. 커피 분류 평가

종류	특성	발생원인
Black bean	표면이 50% 이상이 검은색이며 Boat형이다.	너무 늦게 수확되거나 흙과 접촉하여 발효된 콩. 원인 : 병충해 또는 너무 익은 열매가 바닥에 떨어진것 결과 : 배전이 느려지며 2차 팝핑이 잘 일어나지 않음. 향미와 산도가 완전히 손실되며 나쁜향이 두드러진다. 악영향 정도 : ●●●●●
Sour bean	표면에서 내부까지 노르스름하거나 어두운 적갈색을 띠며 식초냄새가 난다.	원인 : 과잉 발효된 콩. 발효탱크가 더럽거나 오염 된 물을 사용했을 경우. 너무 익은 체리를 수확한 경우나 땅에 떨어진 체리를 수확한 경우에도 발생된다. 결과 : 균일하지 못한 로스팅이 될 수 있다. 향미의 손상이 크며 신맛과 아세트향이 강하다. 악영향 정도 : ●●●●●
Dried cherry/ Pods	씨앗을 담고 있는 껍질에 감싸여진 마른 열매이다.	원인 : 건식 – 외피가 사전에 제거 되므로 발생 가능성은 적으나 열매가 작을 경우 발생된다. 습식 – 잘못된 펄핑 과정에서 발생된다. 결과 : 배전 중 발화 위험이 있다. 향미나 산도가 약간 감소되는 경향 보인다. 악영향 정도 : ●●
Fungus damaged	곰팡이에 의해 노란색이나 적갈색을 띤다.	원인 : 온도와 습도 조절의 실패로 곰팡이가 성장한 경우 발생된다. 결과 : 향미와 산도가 완전히 소실되고 곰팡내 같은 나쁜 냄새가 매우 강하게 난다. 악영향 정도 : ●●●●●
Foreign matter	돌이나 나뭇가지 등 커피 이외의 이물질	원인 : 수확이나 선별 과정에서 제대로 제거하지 못한 경우 발생된다. 결과 : 나뭇가지 – 발화 위험이 있다. 돌 – 그라인더 날에 손상을 줄 수 있다. 악영향 정도 : ●●●●●

Chapter 8. 커피 분류 평가

종류	특성	발생원인
Piece of parchment	마른 내과피 조각이며 파치먼트는 건식에서는 외피에 의해 착색이 이루어지곤 한다.	원인 : 수세식 커피에서 주로 발생되며 불완전한 탈곡으로 인해 흔하게 나타난다. 건식에서는 건조 전 으깨어지는 식으로 껍질을 벗긴 경우에도 발생된다. 결과 : 배전 중 발화 위험이 있다. 향미와 산도의 감소 경향을 보인다. 악영향 정도 : ●●●●
Insect damage	해충에 의해 구멍이 한 개나 여러 개 뚫어져 있다.	원인 : 해충의 공격으로 발생된다. 결과 : 정상 콩보다 강한 로스팅이 이루어진다. 나쁜 향이 강하며 향미와 산도가 떨어지는 경향을 보인다. 악영향 정도 : 3개 이하 ●● 　　　　　　3개 초과 ●●●●◐
Floater	밀도가 낮아 물에 뜨며 색상이 희고 부피가 크다.	원인 : 적절하지 않은 보관이나 건조로 인한 발생으로 추정된다. (정확한 원인 밝혀지지 않음) 결과 : 배전이 제대로 진행되지 않으며 향미와 산도가 감소된다. 나무 냄새가 난다. 악영향 정도 : ●●●
Immature / Unripe	은피가 강하게 붙어 있고 작은 보트형이며 외관은 보통 주름이 많다.	원인 : 성장시 문제이며, 덜 익은 열매를 수확했을 경우 발생된다. 기계적으로 수확하는 아라비카에서는 발생 비율이 상대적으로 높다. 결과 : 느리고 불균일한 로스팅이 이뤄진다. 쓴맛의 증가와 발효된 맛이 나타난다. 악영향 정도 : ●●●◐
Withered bean	무게가 가볍고 주름이 있다.	원인 : 스트레스를 받은 나무에서 수확한 열매이며 가뭄으로 인해 열매의 발육이 제대로 안 된 경우 발생된다. 결과 : 향미와 산도가 약간 덜하다. 악영향 정도 : ●●◐

Chapter 8. 커피 분류 평가

종류	특성	발생원인
Shell	얇은 껍질을 가진 조개나 귀 모양의 기형적인 모양이다.	원인 : 유전적 원인이다. 결과 : 배전 중 쪼개지거나 모서리가 그을릴 수 있고, 향미가 덜하다. 악영향 정도 : ◐
Hull/ Husk	짙은 색을 띤 마른 펄프 조각이며 내과피를 비롯한 껍질이 끼워져 있다.	원인 : 건식 커피의 잘못된 탈곡이나 선별 과정 중 생성된다. 결과 : 배전 중 발화 위험이 높다. 향미가 저하되고 나쁜 냄새가 약간 난다. 악영향 정도 : ●◐
Broken chipped / Cut	수확 또는 가공 과정에서 깨진 생두	원인 : 잘못 조정된 장비나 과도한 마찰력에 의해 발생된다. 결과 : 고르지 않은 로스팅을 초래한다. 악영향 정도 : ●◐

03 스페셜티 커피 Specialty Coffee

SCAA 분류법 Green Coffee Classification

SCAA(Specialty Coffee Association of America)는 커피를 스페셜티 그레이드(Specialty Grade), 프리미엄 그레이드(Premium Grade) 두 가지로 분류하며, 분류 기준에 의해 결점 계수를 환산하여 분류하게 된다.

Chapter 8. 커피 분류 평가

| 스페셜티 커피 분류 기준 |

항목	내용
샘플 중량	– 생두 : 350g – 원두 : 100g
수분 함유량	– 워시드 방식 : 10 ~ 12% 이내 – 내추럴 방식 : 10 ~ 13% 이내
스크린 사이즈	편차가 5% 이내 일 것
냄새	외부의 오염된 냄새(Foreign Ordor)가 없을 것
로스팅의 균일성	– Specialty Coffee : Quaker는 허용되지 않음 – Premium Coffee : Quaker는 3개 까지 허용
향미 특성	– 커핑을 통해 샘플은 Fragrance/Aroma, Flavor, Acidity, Body, After Taste 부분에서 각기 독특한 특성이 있을 것 – 향미 결점이 없어야 한다(No Fault & Taint).

- **스페셜티 그레이드** Specialty Grade
  Category I Primary Defect는 허용되지 않으며 Full Defects가 5개 이내여야 한다.
- **프리미엄 그레이드** Premium Grade
  Category I Primary Defect가 허용되며 Full Defects가 8개 이내여야 한다.
  ※ Quaker : 충분히 익지 않아 로스팅 후 색깔이 다른 콩과 구별되는, 덜 익은 콩을 말한다.

| SCAA 기준법 |

등급	등급 명칭	결점두 수	Cupping Test
Class 1	Specialty Grade	0 ~ 5	90점 이상
Class 2	Premium Grade	0 ~ 8	80 ~ 89
Class 3	Exchange Grade	9 ~ 23	70 ~ 79
Class 4	Below Standard	24 ~ 86	60 ~ 69
Class 5	Off-Grade	86 이상	50 ~ 59

Chapter 8. 커피 분류 평가

| Full Defect 환산표 |

Primary Defects	Full Defect	Secondary Defects	Full Defect
Full Black	1	Partial Black	3
Full Sour	1	Partial Sour	3
Dried Cherry / Pod	1	Parchment / Pergamino	5
Fungus Damaged	1	Floater	5
Severe Insect Damaged	5	Immature / Unripe	5
Foreign Matter	1	Withered	5
		Shell	5
		Broken / Chipped / Cut	5
		Hull / Husk	5
		Slight Insect Damaged	10

04 디카페인 커피 Decaffeinated Coffee

디카페인 커피는 1819년 독일의 화학자 룽게(Friedrich Ferdinand Runge)에 의해 최초로 카페인 제거 기술이 개발되었으나, 상업적 규모의 카페인 제거 기술은 로셀리우스(Ludwig Roselius)에 의해 1903년 개발되었다.

| 디카페인 커피(Decaffeinated Coffee) 제조 공정 |

국가	등급	기준
① 용매 추출법	벤젠, 클로로포름, 디클로로메탄, 트리클로 에틸렌 등의 유기 용매로 카페인 추출	- 용매의 잔류에 의한 안전성 문제가 있다. - 낮은 비등점과 용매 제거의 문제가 있다. - 97~99%의 카페인이 제거된다.
② 물 추출법	생콩에 물을 통과시켜 카페인을 제거	- 추출 속도가 빨라 회수 카페인의 순도가 높다. - 유기 용매가 직접 생콩에 접촉하지 않아 안전하고 경제적이다. - 가장 많이 사용 된다.
③ 초임계 추출법	초임계 상태에서 이산화탄소(CO_2)는 액체 상태가 되며 생두에 침투해 카페인을 제거	- 유해물질의 잔류 문제가 없고 카페인의 선택적 추출이 가능하다. - 설비에 따른 비용이 많이 드는 단점이 있다. - 카페인의 함량은 0.02% 이하이다.

Chapter 8. 커피 분류 평가

제2절 커피 생두 가공처리 방법별 분류하기

01 커피의 수확과 가공

1. 커피 수확 Harvesting

커피 열매는 성숙되면 녹색에서 점차 붉은 색으로 바뀌게 되며 사람에 의한 수확(Manual Harvesting)과 기계에 의한 수확방법(Mechanical Harvesting)이 있는데 사람에 의한 수확에는 스트리핑(Stripping)과 핸드피킹(Hand Picking)의 두 가지 방법이 있다.

	핸드 피킹 (Hand Picking)	스트리핑 (Stripping)
장 점	익은 체리만 수확하므로 품질이 대체로 균일하다.	일시 수확으로 수확에 따른 인건비가 절감된다.
단 점	인건비가 많이 들며, 숙련된 노동력 조달의 어려움이 있다.	수확시기 결정의 어려움이 있으며 나무에 손상을 줄 수 있다. 또한 나뭇잎 등의 이물질이 섞일 가능성이 있다. 덜 익거나 너무 익은 체리가 섞여 품질이 일정하지 않다.

2. 가공법

1) 건식 건조법 Natual Dry Processing

체리를 수확한 후 펄프를 제거하지 않고 체리상태 그대로 건조시키는 방법으로 물이 부족하고 햇빛이 좋은 지역에서 주로 이용하는 전통적인 방법이다. 단맛을 포함하는 점액질 층이 씨앗으로 스며들어 독특한 향기와 단맛이 두드러져서 바디감과 향이 좋은 커피를 생산할 수 있다. 과정으로는 이물질 제거 · 분리 · 건조의 세 과정으로 진행된다.

2) 습식 건조법 Wet Dry Processing

체리에서 펄프(과육)를 벗겨내는 작업인 펄핑(Pulping)과정을 거친 후 파치먼트에 달라붙어 있는 끈적끈적한 점액질(Mucilage)을 씻어 제거하는 과정으로 전통적인 방법인 발효(Fermentation) 과정이나 기계(Mucilage remover)를 사용하여 점액질을 제거하게 된다.

무실라지(Mucilage)

Chapter 8. 커피 분류 평가

커피빈이 갖고 있는 본연의 맛을 잘살려 상급의 품질로 인정 받을 수 있다.

발효 시간은 12~36시간 정도이며 습식법은 건식법에 비해 신맛이 우수하며 균일한 품질의 결과물을 얻을 수 있다. 습식가공 과정으로는 수확 · 이물질 제거 및 분리 · 펄핑 · 점액질 제거 · 건조의 순서로 이루어진다.

3) 펄프드 내추럴 Pulped Natural

반건조 방식이라고도 불리며, 이는 펄핑을 한 후에 점액질을 제거하지 않고 그대로 건조하는 방식을 말한다. 건식법과 습식법의 중간적인 처리형태로 주로 브라질에서 이용된다.

4) 세미 워시드 Semi Washed

체리 껍질을 벗기고 과육과 점액질까지 완전히 물에 씻거나 제거해 버린 후 발효과정 없이 건조시키는 방식이며 깔끔한 맛과 워시드에 가까운 향미를 느낄 수 있는 것이 특징이다.

최근 물 부족과 환경오염의 이유로 세미 워시드 기계를 도입하기도 한다.

| 가공 방식의 비교 |

	건식법 (Natual Dry Processing)	습식법 (Wet Dry Processing)
과 정	이물질 제거 → 분리 → 건조	분리 → 펄핑 → 점액질 제거 → 세척 → 건조 〈발효〉
장 점	가공이 쉽고 생산 단가가 저렴하며, 친환경적이다.	질이 높고 품질이 균일하다.
단 점	품질이 낮고 균일하지 않다. 관리소홀해지면 비위생적이며 부패우려가 있다.	물 조달이 용이해야 하며 환경오염의 문제가 있을 수 있다.
맛의 특성	단맛, 강한 바디감을 얻을 수 있다.	신맛을 더욱 살릴 수 있다.
나 라	브라질, 에티오피아, 인도네시아와 로부스타 생산국 대부분에서 이용.	아라비카 생산국 대부분에서 이용.

Tip

- 점액질층(Pectin layer, Mucilage) 중미(코스타리카)에서는 점액질층을 'Miel(꿀)' 또는 'Honey'라 하며 건식 건조 방법으로 생산된 커피를 'Honey Process Coffee'라고도 한다.
- 점액질과 과육의 정도에 따라 건조법을 색으로 구분한다.(블랙, 레드, 옐로우, 화이트 허니 프로세스)

Chapter 8. 커피 분류 평가

3. 건조 Dry

생두의 60~65%에 달하는 수분 함량을 12%로 낮추기 위해 건조 과정을 거치게되며 생두가 13% 이상의 수분을 갖게 될 경우 썩거나 발효될 수 있다.

1) 햇빛 건조 Sun Dry

① 파티오(Patio) 건조

　콘크리트나 아스팔트, 타일로 된 건조장으로 체리나 파치먼트를 펼쳐 놓은 후 30~40분마다 갈퀴(rake)로 뒤집어 골고루 건조 되도록 해야 한다. 파치먼트는 7~15일, 체리는 12~21일 정도 걸리게 된다.

② 테이블 드라이(Table Dry) 방식

　건조대 위에 커피를 펼쳐서 건조하는 방식으로 파치먼트 건조에 주로 사용되며 건조에는 5~10일 정도 걸리게 된다. 건조시간을 단축시키고 흙과의 접촉을 통한 오염을 막아 줄 수 있으나 보다 많은 노동력을 필요로 한다.

2) 기계 건조 Mechanical Dry

　수평의 커다란 드럼으로 된 기계 건조기나 수직으로 된 건조기에서 40~45℃ 정도로 건조하게 된다. 수분 함량이 20~30%가 되면 커피가 딱딱해지고 검은색으로 변하게 된다.

Chapter 8. 커피 분류 평가

| 커피 가공 과정 |

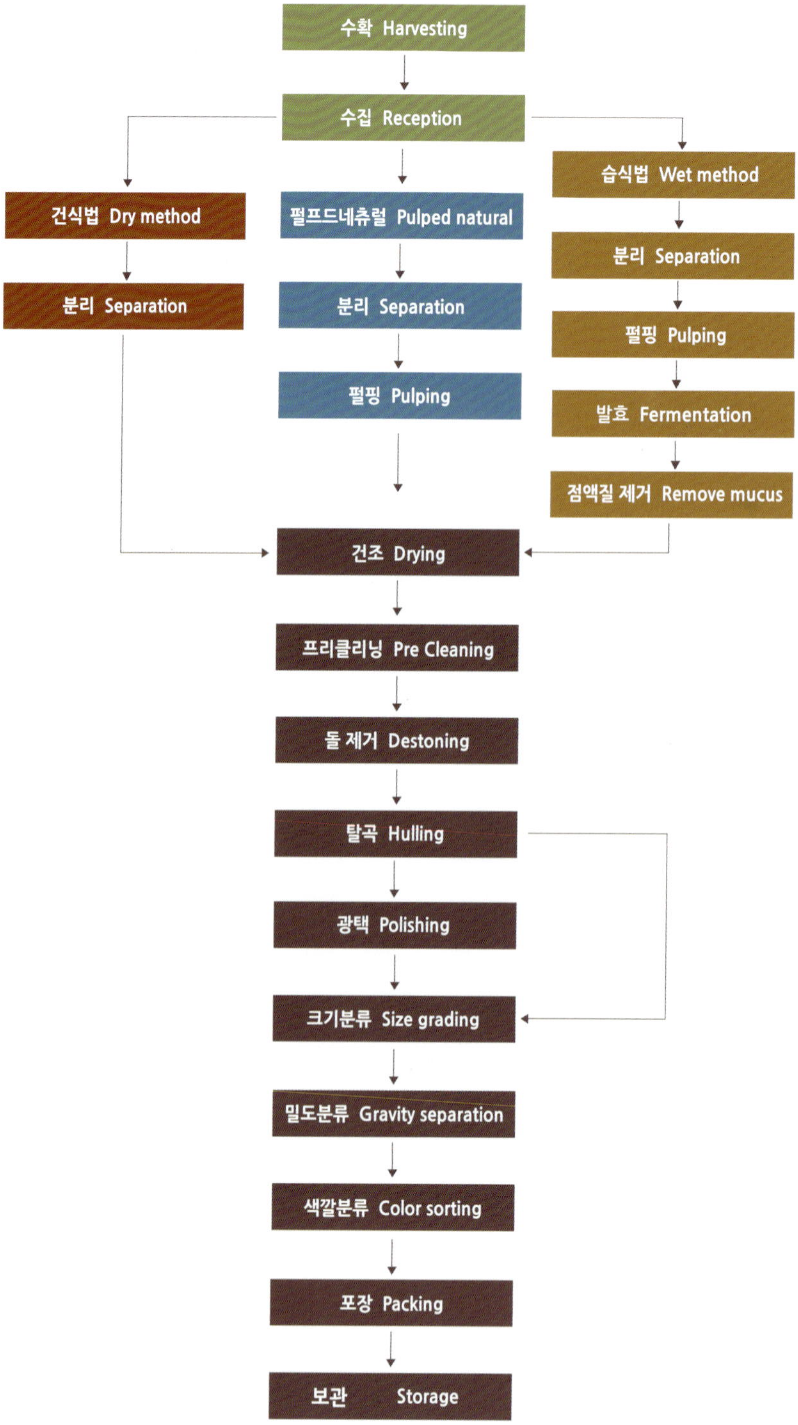

- 수확 Harvesting
- 수집 Reception

건식법 Dry method
- 분리 Separation

펄프드네츄럴 Pulped natural
- 분리 Separation
- 펄핑 Pulping

습식법 Wet method
- 분리 Separation
- 펄핑 Pulping
- 발효 Fermentation
- 점액질 제거 Remove mucus

- 건조 Drying
- 프리클리닝 Pre Cleaning
- 돌 제거 Destoning
- 탈곡 Hulling
- 광택 Polishing
- 크기분류 Size grading
- 밀도분류 Gravity separation
- 색깔분류 Color sorting
- 포장 Packing
- 보관 Storage

Chapter 8. 커피 분류 평가

제3절 커피 생두 원산지별 분류하기

01 원산지별 특징

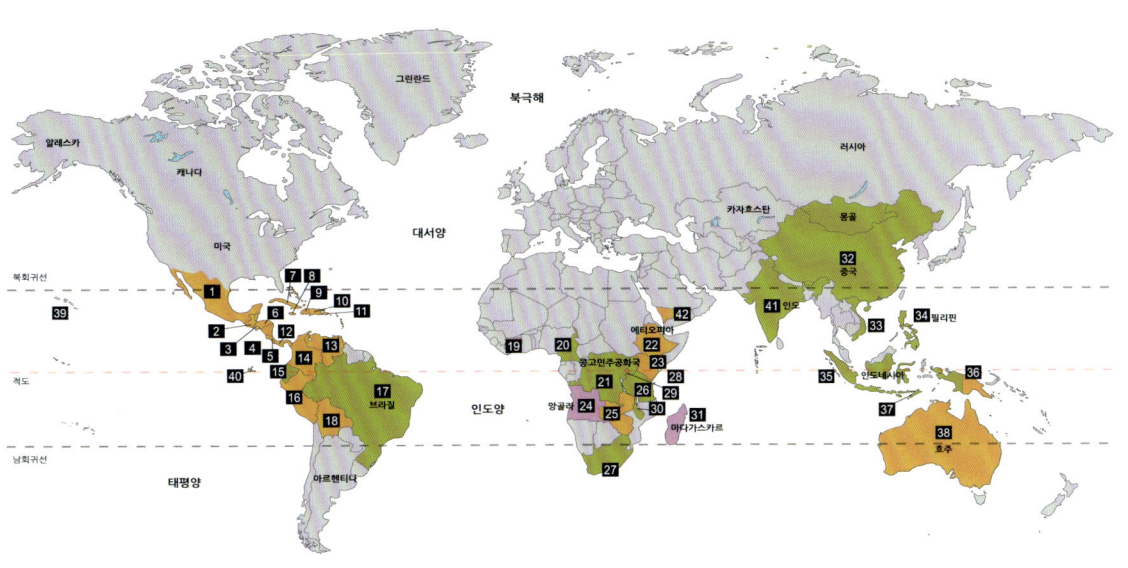

■ 아라비카 ■ 로부스타 ■ 아라비카, 로부스타

1. 멕시코
2. 과테말라
3. 엘살바도르
4. 니카라과
5. 코스타리카
6. 온두라스
7. 쿠바
8. 자메이카
9. 아이티
10. 도미니카공화국
11. 푸에르토리코
12. 파나마
13. 베네수엘라
14. 콜롬비아
15. 에콰도르
16. 페루
17. 브라질
18. 볼리비아
19. 코트디부아르공화국
20. 카메룬
21. 콩고민주공화국
22. 에티오피아
23. 케냐
24. 앙골라
25. 잠비아
26. 탄자니아
27. 남아프리카공화국
28. 르완다
29. 부룬디
30. 말라위
31. 마다가스카르
32. 중국
33. 베트남
34. 필리핀
35. 인도네시아
36. 파푸아뉴기니
37. 동티모르
38. 호주
39. 하와이
40. 갈라파고스 제도
41. 인도
42. 예멘

Chapter 8. 커피 분류 평가

1. 국제커피기구 ICO에서 분류한 커피의 종류

아라비카 (Arabica)	마일드 (Mild)	콜롬비안 마일드 (Colombian Mild)	세계 총 생산량의 약 15~20% 내외 (콜롬비아, 케냐, 탄자니아 등)
		기타 마일드 (Other Mild)	세계 총 생산량의 약 20~25% 내외 (코스타리카, 멕시코, 과테말라, 하와이, 자메이카 등)
	브라질리안 내추럴 (Brazilian natural)		세계 총 생산량의 약 25~30% 내외 (에티오피아, 브라질, 예멘 등)
로부스타 (Robusta)			세계 총 생산량의 약 30~35% 내외 (콩고, 가나, 베트남, 태국, 앙고라 등)

2. 라틴 아메리카의 커피

1) 멕시코 Mexico

- 개   요 : 북아메리카 남서단에 있는 나라
- 수   도 : 멕시코시티
- 공식언어 : 에스파냐어
- 기   후 : 열대기후, 건조기후, 온대기후.

Mexico

세계 6위의 커피 생산국이며 주 생산 품종은 아라비카 종이다. 주요 생산 지역은 남부의 과테말라 국경 지대에 있는 치아파스 (Chiapas)주이며 약 11개 주에서 생산된다. 멕시코산 커피는 신맛이 강하며 바디감이 강하지 않고 중성적인 특성 때문에 블렌딩의 기본으로 많이 사용된다. 품질 등급은 배전이 양호하고 신맛이 뛰어나며 산지의 고도에 따라 Altura, Prima, Lavado, Buen Lavado로 구분된다.

대부분의 커피는 멕시코시티를 기준으로 남동쪽 고산지대에서 재배된다. 남부지방은 화산지대로 1,700m 이상의 고원지대이기 때문에 커피 경작에 이상적인 조건을 갖추고 있다. 국토의 1/3이 고원지대로 일반적으로 멕시코 커피에는 고지대에서 생산된 커피라는 뜻의 '알투라(Altura)'라는 이름을 붙인다.

또한 700m이하 지대에서는 커피 수출을 법으로 금지하고 살충제나 농약을 사용하지 않는 유기농법과 그늘 경작법(Shading)을 이용하여 품질 향상에 노력하고 있다.

Chapter 8. 커피 분류 평가

2) 코스타리카 Costa Rica

- 공식명칭 : 코스타리카공화국
- 인   구 : 4,389,000명
- 면   적 : 51,100㎢
- 수   도 : 산호세
- 공식언어 : 스페인어

재배 품종은 100% 아라비카 품종으로 로부스타의 재배는 법적으로 금지되어 있다. 수도 산호세 중앙공원 지역의 경사면과 태평양 해변 San Carlos, San Vitodejava에서 재배한다. 품질 등급은 SHB, GHB, HB로 구분한다. 대체로 강한 신맛의 특성을 가지고 있으며 감칠 맛과 향이 양호하다.

핀카 도나니나(Finca donanina)는 귤, 건포도, 과일의 향을 나타낸다.

Republic of Costa Rica

3) 파나마 Panama

- 공식명칭 : 파나마공화국
- 인   구 : 3,310,000명
- 면   적 : 75,173㎢
- 수   도 : 파나마시티
- 공식언어 : 스페인어

파나마 국토는 저지대·온대지대·고지대 등 뚜렷하게 3부분으로 이루어져 있다. 해발 700m 이하의 저지대는 열대지역으로 국토의 85% 이상을 차지한다. 해발 700~1,500m 지역은 온대지대, 해발 1,500m 이상은 냉대 지역인 고지대가 분포한다. 파나마는 절반 이상이 대부분 열대 우림으로 뒤덮여 있다.

에스메랄다 게이샤 보케테(Esmeralda Geisha Boquete)는 '신의 커피'라 불리우기도 하며 꽃과 과일을 연상시키는 화려함, 꿀향과 파인애플의 달콤함, 깨끗한 여운을 나타낸다. 보큐테(Boquete) 커피는 소규모 농가에서 생산되는 티피카 종으로 맛이 깔끔하고 밸런스가 좋으며 과일의 상큼한 향과 다크한 코코넛 맛이 특징인 파나마 고급 커피이다.

Republic of Panama

Chapter 8. 커피 분류 평가

4) 자메이카 Jamaica

- 공식명칭 : 자메이카
- 인   구 : 2,688,000명
- 면   적 : 10,991㎢
- 수   도 : 킹스턴
- 공식언어 : 영어

Jamaica

자메이카 섬의 동서 산맥의 경사면에서 주로 커피를 재배하며 이 산맥 동쪽의 최고 높은 산이 블루마운틴으로 최고봉은 해발 7400ft이다.

최고급 커피는 블루마운틴(Blue Mountain 4000~5500ft)으로, Wallenford Estate 등 지정된 4개 공장에서 정선 가공되며, 가공 공장별로 Wallenford Estate, MBCF, MH/BGT, PC/SH 등으로 표시되고, 그 다음 High Mountain(3000~3500ft), Prime Washed, Washed 등으로 나누어진다.

주요 특징으로서 외형은 회록색의 큰 콩이며 볶기가 까다롭지 않고 적당한 신맛, 감칠맛, 부드러운 향을 가지는 세계 최고의 품질을 자랑하는 커피이다.

5) 온두라스 Honduras

- 공식명칭 : 온두라스공화국
- 인   구 : 7,639,000명
- 면   적 : 112,492㎢
- 수   도 : 테구시갈파
- 공식언어 : 스페인어

Republic of Honduras

주 생산품종은 아라비카이고 서부 고원 산악지역에 위치한 산타바바라(Santa Barbara)에서 30% 이상을 생산한다. 품질 등급은 SHG, HG로 구분하며 볶기가 까다롭지 않으며 부드러운 신맛과 달콤한 캐러멜 향이 인상적이다. 열악한 생산 및 가공 여건으로 인해 품질에 상응하는 가격을 못 받고 있다는 평가를 받는다. 유명 커피로는 온두라스SHG와 온두라스HG가 있다.

Chapter 8. 커피 분류 평가

6) 엘살바도르 Elsalvador

- ▶ 공식명칭 : 엘살바도르공화국
- ▶ 인 구 : 5,794,000명
- ▶ 면 적 : 21,041㎢
- ▶ 수 도 : 산살바도르
- ▶ 공식언어 : 스페인어

Republic of El Salvador

정식 명칭은 엘살바도르 공화국(Republic of El salvador)이다. 중앙아메리카에서 가장 작은 영토를 지닌 국가로, 서쪽으로 과테말라, 북·동쪽으로 온두라스에 접하고 있다. 태평양 연안에 있는 나라로 해안선을 따라 국토의 중앙을 지나는 산맥(1500~5000ft)의 경사면에서 커피나무를 재배한다. 최고 품질의 커피 재배를 위한 천혜의 자연 환경을 지니고 있는 나라이다.

커피의 등급은 SHG, HG, CT로 구분하며 양질의 신맛과 감칠맛, 부드러운 맛이 특징이다.

만자노 게이샤(Finca El Manzano Geisha)는 블랙베리, 메이플 시럽, 오래된 와인 향기를 나타낸다.

7) 콜롬비아 Colombia

- ▶ 공식명칭 : 콜롬비아공화국
- ▶ 인 구 : 44,442,000명
- ▶ 면 적 : 1,141,568㎢
- ▶ 수 도 : 보고타
- ▶ 공식언어 : 스페인어

Republic of Colombia

국가 전체 수출에서 약 20%를 차지하고 있는 커피는 연간(2009년 기준) 약 54만 톤을 생산하여 세계 총생산량의 약 8~10%를 차지하는 세계 3위의 커피 생산국이다. 커피 재배는 주로 3600~6000ft 지역에서 이뤄진다.

생산되는 커피는 마일드 커피의 대명사로 수세식 아라비카 커피가 주종을 이룬다. 뉴욕 커피 선물시장에서 콜롬비아와 케냐, 탄자니아산 커피를 '콜롬비아 마일드'라고 분류하여 가격을 높게 책정한다. 주로 아라비카 커피를 생산하는데 티피카, 버번, 카투라, 마라고지페종이 대부분이다. 최근에는 로부스타종인 티모르와 카투라와의 교배종인 베데이다종의 생산량이 늘고 있다.

세이드그로운 트리로 이용하는 나무는 바나나를 이용하며 일반적인 커피 농가의 연평균 생산량은 20마대(60kg=1마대) 정도이다.

Chapter 8. 커피 분류 평가

가공 방법으로는 수세식 가공을 하며 크기가 스크린 17 이상이 80%인 수프리모와 17 이하인 엑셀소로 나누어 수출하고 있다. 자국 내 소비용인 등외품은 파실리아라고 부른다.

콜롬비아산의 유명한 커피로는 윌라, 산아구스틴, 에스메랄다가 있고 1,700m 고지에서 생산되어 손으로 직접 골라 따는 에메랄드 마운틴 등이 있다.

고산 지대에서 소작농에 의해 재배되기 때문에 품질이 매우 좋고 생두의 색은 진한 녹색을 띠며 향미가 풍부하면서도 부드러운 것이 특징이며, 감칠 맛이 뛰어나 세계 최고품으로 평가된다.

8) 과테말라 Guatemala

- ▶ 공식명칭 : 과테말라공화국
- ▶ 인　　구 : 13,002,000명
- ▶ 면　　적 : 109,117㎢
- ▶ 수　　도 : 과테말라시티
- ▶ 공식언어 : 스페인어

Republic of Guatemala

중앙아메리카의 멕시코 남쪽, 중미 북방에 위치한 과테말라는 풍부한 강우량과 화산성 토양의 기후 조건이 커피재배에 알맞은 나라로 주로 태평양 연안에서 커피를 생산한다. 해발 고도 1,400~1,600m 지역에서 생산되며 재배 고도에 의해 품질 등급을 SHB(Strictly Hard Bean), HB, SH, EPW, PW 등으로 분류한다. 수확 시기는 1월~4월, 습식법(Wet Method)으로 가공한다.

생두의 주요 특징으로는 대체로 선명한 푸른색을 띠며 외형이 양호하고 신맛과 더불어 감칠 맛이 있고 전반적으로 부드럽다. 특히 과테말라 안티구아(Guatemala Antigua)는 비옥한 화산토와 일정한 일교차, 낮은 습도 등의 기후 조건을 가진 안티구아 지역의 대표 커피이다. 화산 폭발에서 나오는 질소를 흡수하여 타는 듯한 향을 지닌 스모크 커피(Smoke Coffee)의 대표적 커피로 유명하다. 강한 바디감과 스모키 향을 갖고 있다.

Chapter 8. 커피 분류 평가

9) 브라질 Brazil

- 공식명칭 : 브라질연방공화국
- 인　　구 : 187,163,000명
- 면　　적 : 8,514,877㎢
- 수　　도 : 브라질리아
- 공식언어 : 포르투갈어

Federative Republic of Brazil

세계 커피 생산의 약 1/3을 생산하는 세계 최대 생산국이며 재배기후의 영향으로 생산량의 변동이 심한 편이다. 주요 산지는 Parana, Saopaulo, Minas, Esprito Santo, Rio de Janeiro 등이다. 브라질 커피는 품종, 처리 방법에 따라 큰 차이를 나타내나, 부드러운 신맛과 중성적인 커피로 에스프레소 블렌딩에 기본이 되며 상파울로(Saopaulo) 지방 커피가 품질이 양호한 편이다.

10) 페루 Peru

- 공식명칭 : 페루공화국
- 인　　구 : 28,534,000명
- 면　　적 : 1,285,198㎢
- 수　　도 : 리마
- 공식언어 : 스페인어, 케추아어, 아이마라어

Republic of Peru

최근 생산량이 증가하는 추세이며 주요 산지는 북부 산악 지방과 중부 등에서 생산된다.

　품질 등급은 산지명(Cuzco, Tingo Maria, Chanchamayo)과 가공 방법(Washed AAA, AA, A)에 따라 분류한다. 신맛과 감칠 맛이 양호하고 부드러운 것이 특징이다.

Chapter 8. 커피 분류 평가

3. 아프리카 / 아라비아의 커피

1) 부룬디 Burundi

- 공식명칭 : 부룬디공화국
- 인   구 : 8,691,000명
- 면   적 : 27,816km²
- 수   도 : 부줌부라
- 공식언어 : 부룬디어, 프랑스어

Republic of Burundi

1930년경, 벨기에의 식민지가 되면서 유럽으로 알려지기 시작했다. 부룬디 커피의 특징은 향기도 풍부할 뿐더러 맛이 좋아서 생산 커피 전량이 미국, 독일, 핀란드, 일본 등지로 수출되고 있으며 다른 아프리카 국가들과는 달리 품질 등급을, 크게 풀리 워시드와 워시드로 나눈 후 이를 다시 세분하고 있다.

아라비카 커피의 생산량은 전체 생산량의 약 90%를 차지하며 가공 방식은 모두 수세식 방식으로 생산하고 있다. 등급은 풀리 워시드(Fully Washed)와 워시드(Washed)로 구분하고 맛에 따라 good, fair, poor로 나누어 AAA, AA, A의 3가지로 분류한다.

2) 에티오피아 Ethiopia

- 공식명칭 : 에티오피아연방 민주공화국
- 인   구 : 878,254,000명
- 면   적 : 1,127,127km²
- 수   도 : 아디스아바바
- 공식언어 : 없음

Federal Democratic Republic of Ethiopia

아라비카 커피의 원산지이며 세계 5위의 커피 생산국이다. 생산량의 절반이 해발 1,500m 이상의 고지대에 수확되고 있으며 그중 하라(Harrar)는 해발 고도 3,000m 이상에서 재배되어 아로마가 풍부하고 바디감과 신맛이 좋다. 남부 지역에는 습식법으로 생산되는 시다모(Sidamo)와 예가체프(Yirgacheffe)가 있다.

구지 보카소 GI(Guji Bokasso GI), 예가체프 아리차 GI(Yirgacheffe Aricha GI)이 있는데, 자두, 살구, 캐모마일 향기를 나타낸다.

Chapter 8. 커피 분류 평가

3) 케냐 Kenya

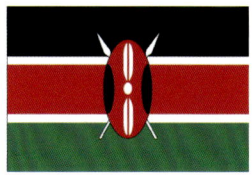

- 공식명칭 : 케냐공화국
- 인　　구 : 37,954,000명
- 면　　적 : 582,646㎢
- 수　　도 : 나이로비
- 공식언어 : 스와힐리어 · 영어

대부분 커피가 고산 지대에서 재배되어 독특하고, 씁쓸한 맛이 좋으며 신맛과 밸런스가 조화를 이룬다. 품질 관리가 잘 되어 있어 아프리카를 대표하는 커피로 인정받고 있으며 매주 케냐 커피 전매청에서 열리는 경매시장에서 맛과 등급에 따라 분류되어 수출한다.

캄완기 AA(Kamwangi AA)는 견과류, 구운 토마토, 포도, 다크 초콜릿 향을 나타낸다.

Republic of Kenya

4) 우간다 Uganda

- 공식명칭 : 우간다공화국
- 인　　구 : 29,166,000명
- 면　　적 : 241,551 km2
- 수　　도 : 캄팔라
- 공식언어 : 영어, 스와힐리어

로부스타 커피를 주로 생산하며 아라비카 커피는 전체 커피 생산량의 10% 미만에 불과하다.

아라비카 커피들은 주변의 케냐, 탄자니아, 자이레 등과의 국경 지역에서 재배되는데, 수송 항으로 가는 도로 사정이 열악하고 주변 국가로의 밀수출이 성행하여 어려움을 겪고 있는 형편이다.

Republic of Uganda

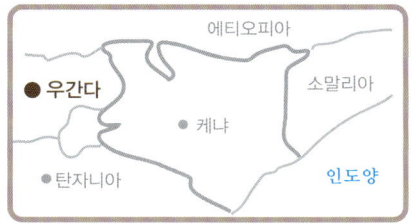

Chapter 8. 커피 분류 평가

5) 탄자니아 Tanzania

▶ **공식명칭** : 탄자니아 연합공화국
▶ **인　　구** : 40,213,000명
▶ **면　　적** : 942,799㎢
▶ **수　　도** : 다르 에스 살람
▶ **공식언어** : 스와힐리어 · 영어

United Republic of Tanzania

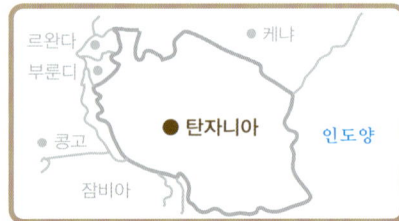

국토의 대부분이 평야와 고원으로 이루어져 있는 탄자니아는 커피산업이 국가 경제의 가장 중요한 요소 가운데 하나이며, 북부와 남부를 통틀어 거의 전 지역에서 커피가 생산된다.

경작지가 극히 한정되어 있음에도 불구하고 농업부문이 GNP의 절반 이상을 차지하며, 노동인구의 4/5 이상이 농업에 종사하고 있다. 생산고는 변동 폭이 상당히 크며, 가뭄과 연료, 기계류의 부족 때문에 심각한 부족 사태도 종종 발생한다. 정부는 커피, 잔지바르 섬에서 생산되는 정향, 목화, 사이잘삼, 캐슈나무 열매, 차, 담배 등 작물 생산의 위축을 감수하면서까지 정책적으로 옥수수, 카사바, 수수, 기장, 벼 등의 식량작물 재배를 장려하고 있기 때문에 최근 생두 수출은 줄고 있는 추세이다.

그럼에도 불구하고 아프리카 최고의 명산 킬리만자로 화산지대에서 생산되는 '킬리만자로'라는 이름으로 출하되는 커피들은 강한 향과 상쾌함이 곁들여진 풍부한 맛으로 커피 애호가들에게 극찬을 받고 있다.

커피의 특징은 회녹색으로 캐러멜의 풍미에 순한 신맛과 초콜릿 향과 너트 향이 있고 중간 정도의 바디감을 갖고 있는, 아프리카를 대표하는 커피이다. 특히 키보는 입안에서 느껴지는 바디감이 일품이며 전체적인 바디감이 잘 어우러진 커피로 알려져 있다.

> **Tip**
>
> 키보 : 킬리만자로 산의 가장 높은 봉우리의 이름으로 키보는 킬리만자로 커피를 지칭하며 아프리카 커피의 최고봉이라는 상징적 의미를 가지고 있다.

Chapter 8. 커피 분류 평가

6) 예멘 Yemen

- 공식명칭 : 예멘공화국
- 인　　구 : 23,013,000명
- 면　　적 : 528,076km²
- 수　　도 : 사나
- 공식언어 : 아랍어

Republic of Yemen

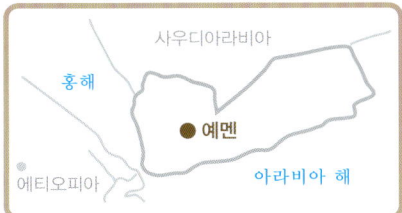

예멘은 아라비아 반도 남단에 위치해 있다. 아라비아 반도 대부분이 전반적으로 메마른 건조지대인 것과는 달리 예멘 서부의 고원지대는 놀라울 정도로 토양이 기름지다.

모카 마타리(Mocha Mattari)는 다크 초콜릿, 카카오의 진하고 묵직한 단맛을 나타낸다.

네덜란드의 무역상들은 커피나무를 예멘의 모카 항으로부터 인도, 실론, 인도네시아 등지로 퍼뜨렸다. 예멘의 대표 커피는 마타리, 샤르키, 사나니 이며 북부 지역의 커피는 부드럽고 매우 독특한 향미를 가지며, 남부지역은 보다 야성적인 특징이 있다.

4. 아시아 / 태평양의 커피

| 사향고양이 |　　　　　　　| 코피루왁 |

Chapter 8. 커피 분류 평가

1) 인도네시아 Indonesia

- 공식명칭 : 인도네시아공화국
- 인　　구 : 234,342,000명
- 면　　적 : 1,860,360km²
- 수　　도 : 자카르타
- 공식언어 : 인도네시아어

Republic of Indonesia

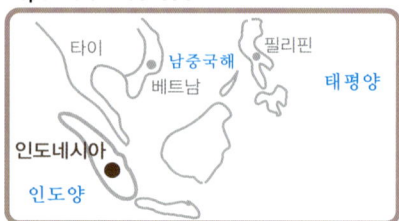

　인도네시아는 세계에서 4번째로 많은 커피를 생산하고 있지만, 단지 10%만이 아라비카 종이다. 인도네시아 커피는 개성이 강하고 쓴맛과 바디감이 좋은 특징을 가지고 있는데, 그 재배 품종은 Catimor다.
　주 생산지는 수마트라(Sumatra)섬, 자바(Java)섬, 발리(Bali)섬, 술라웨시(Sulawesi)섬이 있다. 품질에 비해 평가가 높지 않아 정부가 품질 개량 프로그램을 의욕적으로 추진 중이다.
　인도네시아에서는 코피 루왁(Kopi Luwak)이라는 독특한 커피가 생산되는데, 이는 루왁(Luwak)이라는 사향고양이가 잘 익은 커피 체리만을 골라 먹은 후 파치먼트 상태로 배설하여 얻은 커피를 말한다. 소화 과정에서 발효되어 독특한 맛과 부드러운 향이 있으며 희귀성으로 인해 세계에서 가장 비싼 커피로 알려져 있다.
　자바반둥(JAVA Bandung)은 너츠, 체리, 토마토, 초콜릿 향을 나타낸다.

2) 베트남 Vietnam

- 공식명칭 : 베트남사회주의 공화국
- 인　　구 : 88,537,000명
- 면　　적 : 331,212km²
- 수　　도 : 하노이
- 공식언어 : 베트남어

Socialist Republic of Vietnam

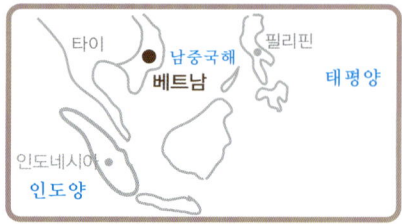

　동남아시아의 인도차이나 반도 동해안을 따라 자리 잡고 있는 베트남은 19C 프랑스 식민지 시절에 커피를 재배하기 시작하였으며 1990년대 이르러 베트남 정부 정책에 의해 생산량이 급속하게 늘어나 세계 제2위의 생산국이 되었다. 베트남의 주 생산 품종은 로부스타이며, 카페핀이라는 독특한 드리퍼를 이용하여 커피를 마신다.

Chapter 8. 커피 분류 평가

3) 인도 India

- 공식명칭 : 인도공화국
- 인　　구 : 1,147,996,000명
- 면　　적 : 3,166,414㎢
- 수　　도 : 뉴델리
- 공식언어 : 힌두어 · 영어

Republic of India

인도는 아시아에서 세 번째로 큰 커피 생산국이다. 잘 수확된 년도의 인도 커피는 과테말라 커피의 전형적인 신맛과 자메이카 커피의 충만한 농밀함을 가진다. 인도의 기후는 대체로 열대 계절풍(열대 몬순 기후)의 영향을 받는다.

인도의 대표 커피인 몬순 커피는 6~7주 동안 습기를 가진 몬순바람에 건조한 커피로 바디가 강하고 신맛이 약하며 독특한 향이 그 특징이다.

생두로는 Plantation A 또는 Monsooned AA가 최고급 등급이다. Malabar는 자연 건조 아라비카로 수 주간 해풍을 쏘여 'Monsoon' 처리한 커피이다. 독특한 '몬순 향기'와 중후함이 특징이다.

4) 파푸아뉴기니 Papua New Guinea

- 공식명칭 : 파푸아뉴기니 독립국
- 인　　구 : 6,474,000명
- 면　　적 : 462,840㎢
- 수　　도 : 포트모르즈비
- 공식언어 : 영어

Independent State of Papua New Guinea

1937년, 자메이카의 블루마운틴 지역에서 수입된 종자로 경작을 시작하였으며 커피는 생두의 크기에 따라 AA, A, AB, X 등으로 나누고 있다. 커피는 Mount Hagen 주위의 고산지대에 있는 소규모 농원의 농부들에 의하여 재배되고 수세식으로 가공 처리된다. 유기농 커피(Organic Coffee)로 유명하며 대표적인 커피인 파푸아뉴기니 시그리(Papua New Guinea Sigri)는 부드러운 신맛, 꽃과 과일 향 등 풍부한 향미를 가지고 있다.

Chapter 8. 커피 분류 평가

5) 하와이 Hawaii

▶ 공식명칭 : 하와이
▶ 면   적 : 16636㎢
▶ 수   도 : 호놀룰루(Honolulu)

Republic of America

북태평양 동쪽에 위치한 미국 하와이 주 화산섬이며 군(郡), 빅 섬으로도 알려져 있다. 마우이 섬 남쪽에 있으며, 하와이 군도의 최대 섬으로 가장 남동쪽에 있고 지질학적으로 가장 늦게 형성되었다.

미국에서 유일하게 커피 재배가 가능한 지역으로 하와이 섬들 중 제일 큰 섬인 Big Isrand의 코나 커피가 가장 유명하다. 주요 산지는 화산 서쪽 경사면 지역이며, 품질 등급은 Screen size와 결점두에 의해 Extra Fancy, Fancy, Prime 등으로 분류한다.

하와이 커피의 주요 특징은 생두가 녹색을 띠면서 열대 과일 향을 가지고 있으면서도 예민한 산미가 있고, 부드러운 감칠맛을 풍부하게 느낄 수 있다.

하와이섬 정보 : 북태평양의 동쪽에 있는 하와이 제도(별칭 샌드위치제도)로 구성된다. 미국의 50개 주 가운데 가장 남쪽에 위치하며 하와이 섬 남단의 사우스케이프(南串)는 북위 19°에 위치한다. 하와이 제도는 니하우 · 카우아이 · 오아후 · 몰로카이 · 라나이 · 마우이 · 카호올라웨 · 하와이 등 8개 섬과 100개가 넘는 작은 섬들이 북서쪽에서 남동쪽으로 완만한 호(弧)를 그리면서 600km에 걸쳐 이어져 있다.

02 생두별 특징

피베리 Peaberry

일반적으로 커피 열매는 체리 안에 두 개의 콩이 들어있으나, 가끔 가지 끝에 한 개의 콩을 가지고 있는 경우가 발견 되는데 이를 피베리(Peaberry)라 부르며 카라콜리로(Caracolillo)라고도 한다. 발생 원인으로는 유전적 결함, 환경적 조건 또는 불 완전한 수정 등이며 일반적인 수확 시 5~20% 정도 생산되며 평균 10% 정도가 섞여 있다. 피베리가 1% 증가 시 전체 생산량은 0.75% 정도 감소한다. 피베리는 일반 콩(Flat bean)과 품질이 비슷하나 스페셜 등급으로 팔릴 때도 있다.

Chapter 8. 커피 분류 평가

〈원산지별 특징〉

멕시코 알투라 Mexico Altura	과테말라SHB 안티구아 Guatemala Antigua	자메이카 블루마운틴 Jamaica Blue Mountain
'알투라'는 스페인어로 고지대를 의미하며 해발고도 1700m 이상에서 재배되는 멕시코의 고급 커피로 유명하다. 커피 수확은 대략 9월~3월에 이루어지며, 주로 습식법(Wet Method)을 사용하여 가공한다. 신맛은 강하지 않고 부드럽게 느껴지며, 중간 정도의 바디(Body)감과 함께 초콜릿 향과 산뜻한 감귤계의 향, 헤이즐넛 향을 지니고 있다. 생두는 옅은 초록빛이 도는 밝은 황색이며, 주로 블랜딩 용으로 많이 쓰인다.	해발 1,400m~1,700m에서 생산되는 커피로 안티구아 지역의 화산 활동으로 인해 묵직한 바디감과 함께 스모크 커피(Smoke Coffee)의 대표적인 커피이다. 최고 등급은 SHB(Strictly Hard Bean)이고 수확시기는 10월~4월, 습식법(Wet Method)으로 가공된다. 생두의 크기는 일정한 편이며 표면은 매끈하다. 색상은 황 녹색이며 생두는 단단한 편에 속한다. 풍부한 바디(Body)와 신맛과 달콤한 맛이 특징이다.	"커피의 황제"라 불리는 블루마운틴은 자메이카 동쪽 블루마운틴(Mt. Blue Mountain) 지역에서 생산되는 커피로 세계 3대 커피 중 하나이다. 해발 1,100m 이상의 고지대에서 생산되며 스크린(Screen Size) 17~20인 원두가 No.1 등급이다. 수확은 12월부터 그 이듬해 3월까지 이루어지며, 가공법으로는 습식법(Wet Method)을 이용한다. 생두의 크기는 큰 편이고 색상은 선명한 황갈색을 띤다. 아로마가 풍부하며 부드러운 산미와 단맛이 훌륭하게 조합된 마일드한 가볍지 않은 바디(Body)가 좋은 커피이다.
로스팅 포인트(Roasting Point) 풀시티(Full City) 초반 로스팅이 일반적이다.	로스팅 포인트 (Roasting Point) 시티(City)후반에서 풀 시티(Full City)까지 로스팅이 일반적이다.	로스팅 포인트 (Roasting Point) 시티(City)에서 풀 시티(Full City)초반까지 로스팅이 일반적이다.

Chapter 8. 커피 분류 평가

파나마 에스메랄다 게이샤 Panama Esmeralda Geisha	콜롬비아 수프리모 Colombia Supremo	브라질 산토스 Brazil Santos
신이 내린 커피, 황제의 커피, 세계 최상급 커피 등 화려한 수식어를 자랑하는 '파나마 게이샤'는 누구나 인정하는 스페셜티 커피로 재스민, 베리류 등의 특유의 꽃 향기가 풍부한 아로마를 갖고 있으며 훌륭한 산미와 달콤함이 일품인 고급 커피이다. 1931년 에티오피아에서 획득한 것을 그 다음해에 케냐로 보내 재배되고, 게이샤라는 이름을 붙였다. 그 후, 탄자니아, 코스타리카를 거쳐 파나마에 이식되어 세계의 주목을 받게 되었다.	콜롬비아 안데스 산맥의 고산지대에서 재배되는 마일드 커피(Mild Coffee)의 대명사이다. 수프리모는 스크린(Screen size) 17 이상인 콜롬비아 스페셜티(Specialty) 커피의 최고 등급이다. 수확은 10월~2월과 4월~6월에 이루어지며 가공법은 습식법(Wet Method)을 이용한다. 생두는 청녹색을 띠며, 포도나 무화과를 연상시키는 신맛과 다크 초콜릿의 달콤한 향을 가진 커피이다.	브라질 최고급 커피로 산토스(Santos)라는 이름은 브라질 상파울루 항구 이름이다. 5월~9월에 수확하며 자연 당도의 유지를 위해 건식법(Dry Method)을 이용한다. 향이 뛰어나고 단맛과 신맛, 쓴맛이 골고루 조화를 이루며 식었을 때 신맛이 더욱 강해지는 특징을 지니며 감칠맛이 있다. 버본(Bourbon)은 아라비카(Arabica)의 가장 오래된 변종 중 하나이고 결점두가 4개 이하일 때 최고 등급인 No.2로 구분한다.
로스팅 포인트 (Roasting Point) 하이(High)에서 시티(City) 정도의 로스팅이 일반적이다.	**로스팅 포인트 (Roasting Point)** 시티(City)와 풀 시티(Full City) 중간 정도의 로스팅이 일반적이다.	**로스팅 포인트 (Roasting Point)** 시티(City)와 풀 시티(Full City) 중간 로스팅이 일반적이다.

Chapter 8. 커피 분류 평가

케냐 AA Kenya AA	에티오피아 모카 하라 Ethiopia Mocha Harra	에티오피아 이르가체페 Ethiopia Yirgacheffe
케냐 더블에이(Kenya AA)는 세계적으로 커피의 품질관리가 우수한 케냐에서 생산되는 아프리카 최고의 커피이다. 해발 1,500m~2,100m에서 재배되고, 수확은 10월~12월, 5월~7월 두 차례이며 습식법(Wet Method)으로 가공된 커피이다. 과일의 감미로운 단향과 포도나 체리에서 느낄 수 있는 풍미와 더불어 쌉쌀한 맛을 조화롭게 느낄 수 있다. 생두는 황색에 가까운 밝은 초록빛을 띠며 외형은 매끈한 편이다.	'에티오피아의 축복'으로 유명한 하라(Harrar, 또는 모카 하라 ; Mocha Harrar)는 해발 3,000m 이상에서 재배되는 대표하는 전통적인 커피를 말한다. 수확은 11월~2월 경이며, 건식법(Dry Method)을 이용해 가공한다. 생두는 푸른빛과 노란빛을 띠며 크기에 따라 롱베리(Long berry), 숏베리(Short berry)로 나뉜다. 섬세하며 생기 있는 단맛과 신맛이 잘 어우러져 있으며 삼나무 향이 나는 것이 특징이다.	에티오피아 남부 이르가체페(Yirgacheffe)에서 생산되는 커피로 가장 세련된 맛을 가졌다고 하여 '커피의 귀부인'이라는 칭호를 받는다. 생두는 중간 정도 크기로 노란빛을 띠는 황색이며 수확은 주로 11월~2월 경에 하고 습식법(Wet Method)으로 가공한다. 부드러운 신맛과 과일 향이나 꽃향기 등의 아로마(Aroma)가 풍부하고 톡 쏘는 신맛이일품이다.
로스팅 포인트(Roasting Point) 시티(City)에서 풀 시티(Full City)초·중반까지 로스팅이 일반적이다.	**로스팅 포인트 (Roasting Point)** 하이(High)와 시티(City) 중간 정도의 로스팅이 일반적이다.	**로스팅 포인트 (Roasting Point)** 하이(High)와 시티(City) 중간 정도의 로스팅이 일반적이다.

Chapter 8. 커피 분류 평가

 탄자니아 AA Tanzania AA	 탄자니아 피베리 Tanzania Peaberry	 예멘 모카 마타리 Yemen Mocha Mattari
'커피의 신사'로 불리며 주로 킬리만자로 산에서 재배되어 킬리만자로 커피라고도 불린다. 커피의 수확은 주로 10월~2월경이며 습식법(Wet Method)으로 가공한다. 스크린 (Screen Size) 18 이상인 최상급의 등급에 AA를 붙여 탄자니아 AA, 킬리만자로 AA 라고도 불린다. 신맛이 강한 편이고 쌉쌀한 맛이 조화롭게 어우러져 있다. 초콜릿 향과 너트 향을 가졌으며 바디(Body)가 좋은 커피이다. 생두는 약간 긴 형태를 보이며 색상은 녹색을 띤다.	탄자니아의 피베리(Peaberry)는 프리미엄(Premium)이라는 명칭으로 불리기도 하는데 1893년 제쉬(Jesuit)에 의해 유럽에 처음 소개되어 각광받기 시작되었다. 와인 맛에 비유되는 신맛과 깊은 풍미를 가지고 있다.	예멘의 베니마타르 지역에서 생산하는 최고급 품종의 커피를 가리켜 '모카 마타리'라 부른다. 자메이카 블루 마운틴, 하와이안 코나와 더불어 세계 3대 프리미엄 커피로 인정받고 있다. 해발 1,000m~1,300m 고지대에서 재배되고 수확은 10월~2월 경이며 건식법(Dry Method)으로 가공된다. 생두의 모양은 일정치 않다. "커피의 귀부인"이라고 불리며 스파이스, 블랙 페퍼, 생강의 향신료와 잘 익은 과일이 잘 혼합된 예멘의 독특한 향이 특징이며 다크 초콜릿 맛이 풍부하다.
로스팅 포인트 (Roasting Point) 시티(City) 로스팅이 일반적이다.	**로스팅 포인트 (Roasting Point)** 시티(City) 후반부터 풀 시티(Full City) 초반 로스팅이 일반적이다.	**로스팅 포인트 (Roasting Point)** 풀 시티(Full City) 로스팅이 일반적이다. 시티(City) 후반부터 풀 시티(Full City) 초·중반까지 다양하다.

Chapter 8. 커피 분류 평가

하와이안 코나 엑스트라 펜시 Hawaiian Kona Extra Fancy	인도네시아 만델링 Indonesia Mandhelling	코피 루왁 Kopi Luwak
미국 하와이 섬(Hawaii Island)의 코나(Kona) 지역에서 재배되는 코나는 자메이카의 블루마운틴(Blue Mountain), 예멘의 모카(Mocha)와 더불어 세계 3대 커피 중 하나이다. 보통 9월~3월 경에 수확을 하며, 가공방식으로는 습식법(Wet Method)을 이용한다. 엑스트라 펜시(Kona Extra Fancy)는 코나 중 최고 등급이며, 이는 생두의 크기에 따라 스크린(Screen Size) 19 이상의 생두를 말한다. 생두는 평편하면서 길쭉한 모양이고 색상은 푸른색에 가까운 청녹색이다. 과일의 신맛과 단맛을 지녔으며 풍부한 향과 함께 중간 정도의 바디(Body)를 가졌다.	인도네시아 수마트라(Sumatra)섬의 원주민 부족명에서 유래되었다고 전하는 만델링은 특유의 쓴맛과 망고와 같은 단맛을 지닌 커피로 약한 산미와 더불어 적당한 바디감이 좋은 커피이다. 해발 900m~1,800m에서 재배되며 결점두 수가 11개 이하인 Grade 1등급이다. 수확은 12월~3월로 가공방식은 건식법(Dry Method)과 습식법(Wet Method)을 병행한다. 볶은 깨와 같은 고소한 향이 특징이며 단맛은 비교적 적은 편이고 전체적으로 부드럽고 풍부한 바디(Body)감을 느낄 수 있는 커피이다. 생두는 푸른 빛을 띠며 크기는 크고 단단한 편이다.	코피 루왁은 세계에서 가장 비싼 커피로서 코피(Kopi)는 인도네시아어로 커피를 뜻하며, 루왁(luwak)은 말레이 사향고양이를 뜻한다. 희귀성 때문에 세계적으로 가장 비싼 커피로 유명하다. 사향고양이의 소화기관을 통과하여 소화되지 않고 배설되어 만들어진 커피로 은은한 향을 갖고 있으며 부드러운 산미와 톡 쏘는 쓴맛, 초콜릿과 곰팡내 등의 특징을 갖고 있다.
로스팅 포인트 (Roasting Point) 시티(City) 초반부터 시티(City) 후반까지 로스팅이 일반적이다.	**로스팅 포인트 (Roasting Point)** 풀 시티(Full City) 로스팅이 일반적이다.	**로스팅 포인트 (Roasting Point)** 풀 시티(Full City) 초·후반까지 로스팅이 일반적이다.

Chapter 8. 커피 분류 평가

제4절 커피 원두 선택하기

커피의 품종

1) 아라비카와 로부스타의 비교

아라비카는 로부스타에 비해 향이 뛰어나며 신맛, 쓴맛, 단맛 등을 지니고 있는 반면, 로부스타는 향이 약하고 쓴맛이 강하고 카페인 함량도 많은 편이나, 재배가 아라비카에 비해 용이하다.

| 아라비카와 로부스타의 비교 |

	아라비카(Coffea Arabica)	로부스타(Coffea Canephora)
원산지	에티오피아	콩고(우간다)
기록연도	1753	1895
염색체 수	44개(2n)	22개(2n)
적정기온	15~25℃	24~30℃
고도	800~2,000m	700m 이하
적정 강수량	1,500~2,000m	2,000~3,000mm
뿌리	뿌리가 깊고 가뭄에 강하다.	뿌리가 얕고 가뭄에 약하다.
잎	잎이 좁고 가늘며 섬세하다.	잎이 넓고 타원형이다.
병충해	병충해에 약하다.	병충해에 강하다.
체리 숙성기간	6~9개월	9~11개월
카페인 함량	0.8~1.4%	1.7~4.0%
맛	향미가 우수하고 신맛이 좋다.	향미가 약하고 쓴맛, 바디감이 강하다.
주요 생산국가	브라질, 콜롬비아, 코스타리카 등	베트남, 인도네시아, 인도 등
생산	60~70%(약75%)	30~40%

Chapter 8. 커피 분류 평가

2) 아라비카의 품종

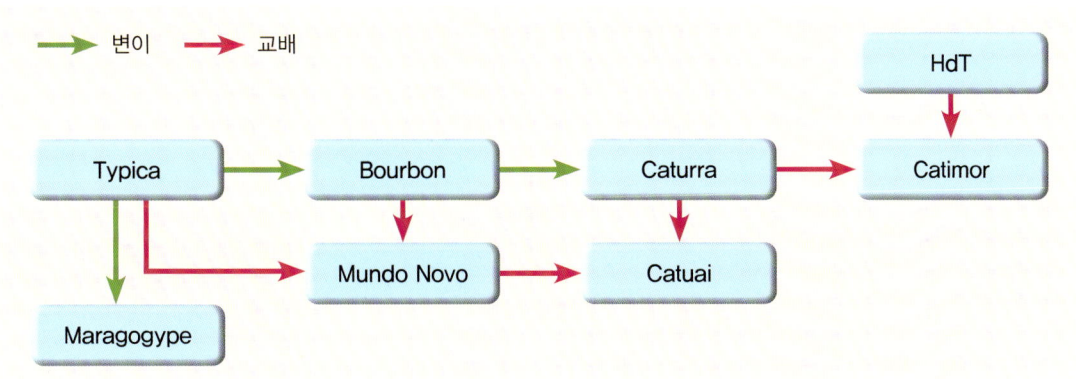

종 류	특 성
티피카 (Typica)	아라비카 원종에 가장 가까운 품종으로 콩은 긴 편이고 좋은 향과 신맛을 가지고 있으나 커피잎 녹병에 취약하다. 블루마운틴, 하와이 코나가 대표적인 티피카(Typica) 계통이다.
버번 (Bourbon)	1715년 프랑스가 예멘에서 모카 품종 나무를 가져와 아프리카 동부 인도양에 위치한 부르봉(Bourbon) 섬 레위니옹(현 Reunion섬)에 이식한데서 유래한 품종으로 커피의 품질은 뛰어난 편이나 모든 중요 커피 질병에 취약하며 티피카(Typica)에 비해 작고 둥글고 단단한 편이다. 센터 컷이 S자 모양을 하고 있다. 수확량은 티피카(Typica) 보다 20~30% 많으나 크기가 작은 편으로 빈틈없이 빽빽하게 열린다. 중미, 브라질, 케냐, 탄자니아 등지에서 주로 재배되고 있다. 버번의 종류로는 크게 단맛이 뛰어난 옐로우 버번, 향미가 뛰어나다 알려진 오렌지 버번종이 있다.
카투라 (Caturra)	1937년 브라질에서 발견된 레드버번(Red Bourbon)의 돌연변이종으로 콩의 크기는 소형이며 수확량은 많다. 풍부한 신맛과 약간의 떫은 맛을 지니며 나무 키는 작은 편이며 마디 사이가 짧다. 주요 질병과 해충에 취약하며 잎과 열매의 특성은 버번(Bourbon)과 유사하다. 집중적 관리가 필요하며 3~4회 수확 후 과잉결실(Over-bearing)현상과 견고하지 못한 특성 때문에 브라질에서는 환영받지 못했다. 코스타리카 환경에 더 잘 적응했으며 밀식이 가능(5,000~10,000그루/ha)하다.
문도 노보 (Mundo Novo)	버번(Bourbon)과 티피카(Typica) 수마트라(Sumatra)의 자연 교배종으로 1931년 브라질 상파울로 지역에서 발견되었다. 1950년부터 브라질에서 재배되기 시작되어 현재는 카투라, 카투아이와 브라질의 주력 재배 품종이다. 환경 적응력이 좋고 티피카(Typica) 와 버번(Bourbon)의 중간적 형태로 콩의 크기가 다양하고 신맛과 쓴맛의 밸런스가 좋으며 맛은 재래종과 유사하다. 버번보다 생산량을 30% 많으나 성숙기간이 오래 걸리는 단점이 있다. 나무 키가 3m 이상으로 매년 가지치기를 해야 하며 재배 밀도는 낮다.
카투아이 (Catuai)	문도 노보(Mundo Novo)와 카투라(Caturra)의 교배종으로 나무키가 작고 병충해와 강풍에 강하고 생산성은 높다. 매년 생산이 가능하며 생산 기간이 타 품종에 비해 10여 년 정도 짧은 것이 단점이다.

Chapter 8. 커피 분류 평가

종 류	특 성
켄트 (Kent)	인도의 고유 품종으로 높은 생산성을 지니며 커피잎 녹병(CLR)에 강하다.
HdT	아라비카와 로부스타의 교배종(Hibrido de Timor)으로 커피잎 녹병(CLR)에 강하고 콩의 크기가 큰 편이다.
카티모르 (Catimor)	HdT와 Caturra의 교배종으로 성장성과 다수확을 자랑하며 체리 사이즈가 큰 편이다.
마라고지페 (Maragogype)	1870년 브라질의 한 농장에서 발견된 티피카(Typica)의 돌연변이 품종으로 콩의 사이즈가 크며 나무의 키가 크고 생산성은 낮다.
콜롬비아 (Colombia)	콜롬비아에서 1971년부터 개량 착수 하여 1981년 콜롬비아 종이라 명했으며 지금은 콜롬비아 대다수 농가에서 재배하고 있는 종으로 카투라(Caturra) 하이브리드 티모르(HdT)종의 교배종이다.
수마트라 (Sumatra)	인도네시아의 수마트라 섬에서 발견된 것에서 붙여진 이름으로 수마트라 섬이 원산지이다. 콩의 모양은 가늘고 길며 각진모양을 하고 있으며 묘목의 성장속도가 빠르나 보급률이 낮아 재배가 잘 이루어 지고 있지 않고 있다.
파카스 (Pacas)	1949년에 엘살바도르에서 발견된 버번의 돌연변이 종으로 이후 1968년 파카스와 마라고지페의 교배종인 파카마라(Pacamara) 종으로 개발되었다.
게이샤 (Geisha)	1931년 에티오피아에서 획득한 품종을 1931~1932년도에 케냐로 보내게 되는데 그때 붙여진 품종의 이름인 아비시안(Abyssinian)종과 게이샤(Geisha)종이다. 이후 탄자니아(1936년), 코스타리카(1953년)를 거쳐 파나마에 이식된 것이 지금의 게이샤 종이다.

3) 로부스타의 품종

종 류	특 성
Conilon	콩고로부터 유입되어 지금은 브라질 로부스타의 95% 가까운 양이 생산되고 있는 품종이다.
CxR variety	1976년에 개발된 품종으로 품질이 우수하다.
BP, SA	1920년도 인도네시아 자바에서 개발된 품종으로 씨앗이나 묘목을 이용하여 파종한다.
S274, BR	인도의 주요 품종으로 1950년대부터 재배되었으며 씨앗으로 파종을 한다.
IF	코트디부아르의 주요 로부스타 품종이며 자바와 아프리카 콩고로부터 유입되어 재배가 이루어졌다.

Chapter 9
커피 로스팅

제1절 | 로스팅 준비하기
제2절 | 로스팅 방법 선택하기
제3절 | 로스팅 하기
제4절 | 커피 로스팅 결과 정리하기
제5절 | 로스팅 기계 관리하기

Chapter 9. 커피 로스팅

제1절 로스팅 준비하기

커피의 맛을 내는 데 중요한 역할을 하며 각각의 생두가 지니고 있는 것을 잘 표현하는 것은 로스팅이 결정하게 된다. 로스팅의 기본은 로스팅 머신의 성능, 생두의 선택, 로스팅 기술이다.

1. 로스팅 머신의 성능

로스팅 머신은 목적에 맞지 않는다고 간단히 바꿀 수 있는 것이 아니기 때문에 각각의 로스팅 머신이 내는 맛과 성능을 잘 이해하여 선택할 필요가 있다.

2. 생두의 선택

생두의 선택과 식별 방법은 기본적인 생두의 지식을 기초로 하여 테스트 로스팅과 컵 테스팅 등의 다양한 방법을 통하여 많은 경험을 쌓아 좋은 제품을 선택할 수 있어야 한다.

3. 로스팅기술

로스팅 기술은 테스트 로스팅으로 반복 연습하여 로스팅 일지를 작성하고 검토하면서 연구하는 자세가 필요하다. 맛, 형상, 목적에 맞는 기본적인 볶음의 기준을 만들고 그 기준을 토대로 여러 방법과 기술을 습득해야 한다. 로스팅은 커피를 볶는 것이지만 지향하는 맛에 따라서 약하게부터 강하게 까지 다양한 볶는 방법이 있으며 같은 생두라 하더라도 볶는 방법에 따라 천차만별의 맛을 만들어 낼 수 있는 복잡하고도 세심한 작업이다.

제2절 로스팅 방법 선택하기

로스팅(Roasting)이란 커피의 생두(Green Bean)를 가열하여 볶아서 고유의 특징적인 향미(Flavor)와 향(Aroma), 색(Color)을 표현하는 과정을 말한다. 생두에 열을 가하면 생두의 세포 조직이 파괴되면서 그 안에 있던 여러 가지 성분들(당, 카페인, 지질, 유기산 등)이 열화학 반응을 일으킨다.

Chapter 9. 커피 로스팅

01 로스팅 방법의 종류

1. 직화식(直火式)

드럼의 내부는 구멍(펀치)이 뚫려 있고 구멍을 통해 불이 커피콩의 표면에 직접 전달되어 로스팅이 이루어지는 방식이다. 커피의 맛과 향이 직접적으로 표현되어 커피의 개성을 잘 살릴 수 있는 장점을 갖고 있으나 화력 조절이 어려워 균일한 로스팅이 어렵다. 그래서 초보자보다는 전문가들이 사용하기 적합한 머신이라 할 수 있다.

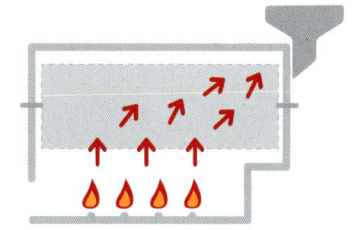

2. 반열풍식(半熱風式)

열원은 드럼의 바로 아래 있지만 불이 직접 내부에는 닿지 않고 흡기 시스템에 의해 열풍이 후방에서 내부로 빨아들여 보내지면서 로스팅이 진행되는 방식이다. 생두에 열이 간접적으로 전달되므로 직화식에 비해 균일한 로스팅이 가능하다.

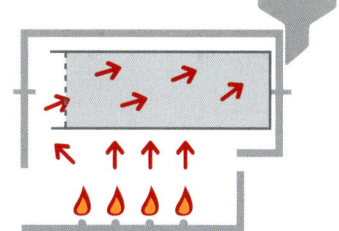

3. 열풍식(熱風式)

열원이 내부로부터 먼 위치에 설치되어 있고, 강하고 뜨거운 열풍으로만 로스팅을 하는 방식이다. 열풍을 원두 사이로 순환시켜 로스팅을 하기 때문에 균일한 로스팅이 가능하며 로스팅 시간이 빠르다. 로스팅실과 냉각실이 별도로 설치되어 있어야 하므로 공간 활용이 떨어져 주로 대형사업장에서 사용한다.

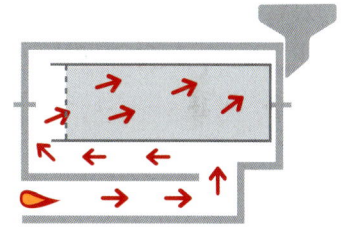

	저온 · 장시간 로스팅	고온 · 단시간 로스팅
로스터의 종류	드럼형	유동층형
커피콩의 온도	200~240℃	230~250℃
시간	8~20분	1.5~3분
밀도	상대적으로 팽창이 적어 밀도가 큼	상대적으로 팽창이 커 밀도가 작음
향미	신맛이 약하고 뒷맛이 텁텁하나 중후함이 강하고 향기가 풍부	신맛이 강하고 뒷맛이 깨끗하나 중후함과 향기가 부족
가용성 성분	적게 추출	10~20% 더 추출

Chapter 9. 커피 로스팅

4. 수망 로스팅

1) 특징

로스팅 방식 중 가장 간단하며 손쉽게 할 수 있는 방법으로 수망 로스팅이 있다. 수망 로스팅은 가정에서 신선한 커피를 즐길 수 있다는 장점이 있는 반면 은피(Silver skin)와 채프(Chaff)가 날려 지저분해지며 탈 우려가 있으니 주의해야 한다.

준비물 : 휴대용 가스레인지, 수망, 저울, 생두, 초시계

2) 수망 로스팅 방법

① 핸드픽 Hand pick 하기

생두에 포함되어 있는 결점두를 골라낸다.

② 계량하기

생두 50g을 저울에서 계량한다.

③ 수분빼기

센불에서 처음에는 예열한다는 느낌으로 천천히 흔들어 준다. 20~25cm 정도의 높이에서 시작한다.

④ 로스팅하기

10~15cm정도로 내려서 골고루 열이 가하도록 흔들어 준다. 3~4분이 지나면 색이 노랗게 변하며 고소한 냄새가 나기 시작한다. 은피(Silver Skin)가 잘 벗겨지도록 힘차게 흔들어준다.

⑤ 1차 크랙

6~7분이 지나 '탁탁' 소리가 나기 시작하면 불을 중불로 바꿔준다. 커피 고유의 향이 나기 시작한다.

⑥ 2차 크랙

10분 정도 지나면 '탁탁' 소리가 나면서 2차 크랙이 시작되며 1차 크랙 때 보다 소리가 작다. 이때 로스팅을 중단하면 중배전이 된다.

Chapter 9. 커피 로스팅

⑦ 로스팅 마무리

2차 크랙이 지나면 오일 성분이 나오기 시작하며 강배전의 정도로 본다. 원하는 색 포인트에 오면 불을 끄고 로스팅을 중단한다.

⑧ 원두 식히기

원두의 온도가 높기 때문에 복사열에 의해 로스팅이 계속 진행될 수 있으므로 빠르게 원두를 식힘망에 넣고 식혀준다.

⑨ After pick

로스팅 후에 탄것이나 결점두가 없는지 확인 후 골라낸다.

Chapter 9. 커피 로스팅

제3절 로스팅 하기

01 로스팅 과정

로스팅 과정은 건조단계(Drying Phase), 로스팅단계(Roasting Phase), 냉각단계(Cooling Phase)로 나눌 수 있다.

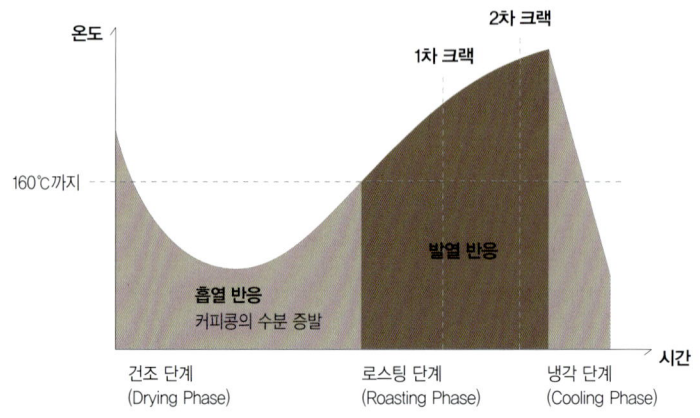

Tip

발열 반응
향미성분 형성, 갈변화 시작, 이산화탄소가 생성되어 커피세포 내부에 갇히게 되고 빠져 나올 때까지 내압이 증가함.

1. 로스팅 단계

1) 건조 단계 Drying Phase

로스팅의 초기 단계로 수분이 증발하는 단계이다. 생두에 뜨거운 열을 가하여 볶아 생두 조직 내의 수분이 끓는점(100℃)에 도달할 때까지 일어난다. 건조 단계에서 생두의 색깔은 수분을 잃어가면서 녹색(Green)에서 옅은 황색(Light Yellow)으로 색이 옅어진다. 향은 생두 고유의 향에서 풋내를 빵 냄새로 변한다. 수분을 적절하게 빼지 못하면 커피향을 못 살리게 된다.

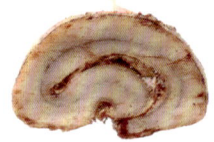

Chapter 9. 커피 로스팅

2) 로스팅 단계 Roasting Phase

수분이 거의 빠져간 커피콩에 수분 함량을 적절히 조절하여 보다 향미로운 커피로 만들기 위해 뜸들이는 단계다. 차차 강한 열기로 인해 180-200℃ 사이에서 각각 콩의 표면이 가스의 압력을 이기지 못하고 터지게 된다. 다양한 열 반응(흡열 반응, 발열반응)이 일어나면서 팽창이 일어나서 터지는 현상을 파핑 또는 크랙이라 하며 두 번의 크랙(Crack)이 일어난다.

짙은 녹색　　　옅은 녹색　　　옅은 노란색

(1) 1차 크랙

콩의 세포 내부의 수분이 증발하면서 압력이 높아져, 세포벽을 깨트리는 '탁탁'소리가 난다. 이때 구수한 향미가 나게 된다. 이 시기는 약 1~3분 정도 이루어지는데 이 시점이 길면 길수록 산미가 감소된다. 콩은 열을 흡수하다가(흡열반응) 1차 크랙 이후 열을 방출하기 시작한다(발열반응). 콩의 밀도가 높거나 뉴크롭(New Crop) 일수록 크랙소리가 크다.

2차 크랙이 시작하기 전에 잠시 터짐의 소리가 멈추는 시점이 있는데(휴지기), 이 시간에 화력 조절을 적당히 조절하여 1차 터짐의 시간 정도로 맞추어 주면 콩이 균일하게 볶이게 된다.

(2) 2차 크랙

콩의 목질 조직이 탈수 현상에 의해 파괴되어 이산화탄소(CO_2)가 빠져 나가며 '지지직' 소리가 나는 것을 말한다. 색이 진한 밤색 계열로 변화되고 커피콩의 형상이 예쁘게 되는 시점으로 수분의 나머지 잔량을 조금만 날리면서 골고루 볶아주는 시기이다.

이 시기의 화력의 조절과 시간이 쓴맛 속에 얼마나 산미와 당분의 느낌을 잘 살려 밸런스를 맞추어주는지를 결정하게 된다. 2차 크랙 이후 세포벽을 감싸고 있는 커피 오일(oil)이 가열되어 표면이 반짝이게 된다. 무게는 감소하고 부피는 증가하며 조직은 부서지기 쉬운 상태로 바뀐다. 캐러멜화(Caramelization)에 의해 색깔은 점점 짙어지며 커피 본연의 맛이 발현된다.

Chapter 9. 커피 로스팅

　균일한 색과 형태를 만들어주면서 너무 오랜 시간을 볶지 않아야 한다. 이 시기가 지나면 커피는 스모크한 향이 강해지면서 아주 검은색 계열로 바뀌게 되는데 모자란 수분의 입자를 순간 태우게 되면서 쌉쌀한 맛을 내게 된다. 콩의 섬유질이 약한 생두는 이 시기에 균열이 일어나고 부분적으로 구멍이 나면서 외피가 날라가 그곳을 태우게 된다. 좋은 외관과 맛의 밸런스를 위해서는 이런 현상이 없는 것이 좋으므로 불량한 콩이 섞여있지 않게 하기 위해 로스팅 전후에 핸드 피킹을 통해 콩의 선별을 해야 한다.

1차 크랙 단면

1차 크랙 센터 컷(Center Cut)의 팽창

오일(Oil) 배출

3) 냉각 단계 Cooling Phase

　로스팅이 끝나면 커피원두의 반응이 더 이상 일어나지 않도록 원두의 온도를 강제적으로 낮춰야 한다. 그렇지 않으면 커피원두의 내부의 열로 인해 원하는 로스팅 포인트보다 로스팅이 더 진행되기 때문이다. 냉각 단계에서 온도를 낮추기 위해 차가운 공기나 물을 받쳐 냉각시킬 수도 있다.

Chapter 9. 커피 로스팅

02 로스팅 순서

1. 준비
1) 로스팅 할 생두를 계량하여 준비한다.
2) 로스터기 내 외부의 덮개와 배출구를 닫는다.
3) 댐퍼를 닫는다.

2. 예열
1) 로스터기 전원을 켜고 드럼과 싸이클론 송풍기 정상 작동 여부를 확인한다.
2) 가스밸브 혹은 연료 잠금장치를 열어 연료를 공급한다.
3) 점화한다.
4) 분단위로 로스터기 내부의 온도를 체크한다.

3. 투입
1) 계량된 생두를 투입한다.
2) 생두의 투입량에 맞게 화력을 조절한다.
3) 댐퍼를 반 정도 열어 열량을 서서히 공급해 준다.

4. Light Yellow 시점
1) 댐퍼를 완전히 열어 충분한 열량을 공급해 준다.
2) 화력을 낮추지 않는다.
3) 원두의 색과 향의 변화를 체크한다.

5. 1st Crack 시점
1) 열량을 유지하거나 반으로 줄여준다.
2) 댐퍼를 반을 닫아 공기의 흐름과 열량을 조절한다.
3) 발열반응이 시작되는 시점이므로 원두의 특성에 따라 미세한 열량조절이 필요하다.

6. 2nd Crack 시점
1) 배출 포인트를 설정한다.
2) 강배전의 경우 열량을 조금 높여 준다.
3) 확인봉으로 원두의 부풀기와 색을 가늠한다.

7. 원두의 배출과 쿨링
1) 원두 배출전 쿨러를 가동 시킨다
2) 교반기가 없을 경우 원두를 저어주면서 쿨링을 진행한다.
3) 주변 공기가 차가울수록 쿨링이 빨리 진행된다.

8. 원두 선별
1) 쿨링이 완료된 원두에서 결점두를 골라낸다.
2) 이물질, 불량두, 과다 로스팅, 과소 로스팅 원두를 선별해 낸다.

03 로스팅 과정중 유의 사항

1) 로스터기의 온도 편차

로스터기를 가열하면 열은 다양한 위치에서 측정된다. 자연대류 현상에 의해 대부분 로스터기 가장 위쪽의 열의 온도가 가장 높고 드럼과 하단의 온도 순으로 측정된다. 성공적인 로스팅을 하기 위해서는 일정한 온도로 같은 결과를 얻을 수 있을 수 있어야 한다. 하지만 주변환경에 따라 온도의 편차가 존재한다. 예를 들어 같은 LPG나 LNG를 사용하더라도 겨울철 보다는 여름철에 팽창율이 두배 가까이 증가하기 때문에 온도조절이 어렵다. 로스터의 다양한 경험과 노하우가 요구되는 이유가 바로 여기에 있다.

2) 생두의 수분

생두의 수분은 가공방식과 유통방식에 따라 큰 편차를 보인다. 함수율이 높은 생두는 그만큼 수분이 많이 함유 되어있다는 의미이고, 함수율이 낮은 생두는 건조하다는 의미다. 따라서 로스팅 전에 반드시 함수율을 측정해야 한다. 함수율이 높은 생두는 원두가 익어가면서 수분에 의한 열전달이 빨리 되기 때문에 불을 강하게 해서 볶을 경우 내부발화 현상이 나타나 원두가 금방 타버리는 현상이 발생한다. 따라서 함수율이 높은 생두일수록 열을 천천히 공급해 충분한 팽창이 이루어 지도록 해야 한다.

3) 로스팅 연기

생두를 투입하고 Light Yellow 시점을 지나면서 서서히 연기가 발생하기 시작한다. 1st Crack을 전후해서 연기가 다소 강해지는데 이때 연기를 모두 배출 시키면 향이 다소 떨어지는 커피가 된다. 따라서 댐퍼를 반 정도를 열거나 일시적으로 닫아서 향을 잡아주는 과정이 필요하다.

4) 이산화탄소

로스팅이 진행됨에 따라 이산화탄소의 양은 증가한다. 이는 원두의 조직이 팽창하면서 생성된 빈 공간에 이산화탄소가 채워지면서 생기는 현상이다. 강배전 할 경우 원두는 다공질이 되어 이산화탄소의 양이 많아지게 되고 실온에 보관할 경우 향과 맛이 빨리 생성된다. 중배전이나 약배전으로 갈수록 향과 맛이 생성되는 기간이 길어진다. 그 이유는 이산화탄소가 공기중으로 탈기되면서 산소와 수분이 그 자리를 차지하게 되는데 중배전 커피나 약배전 커피는 강배전에 비해 원두가 단단해 숙성과정이 더 느리기 때문이다. 따라서, 같은 커피를 로스팅 하더라도 바로 마실 커피는 약간 강하게, 일정기간 두고 마실 커피는 다소 약하게 로스팅하는 것이 좋다.

Chapter 9. 커피 로스팅

제4절 커피 로스팅 결과 정리하기

01 로스팅 정도

1) 색상에 의한 로스팅 정도

Agtron 수치(명도 값, L값)는 높을수록 밝음을, 낮을수록 어둠을 의미한다.

명칭		Agtron	특징	크랙
라이트 로스팅 Light Roasting		#95	로스팅 초기 단계이며 음료로는 부적합하며 향과 바디감이 거의 없고 곡물맛이 난다. 황색이 섞인 밀색을 하고 있어 가장 약한 배전 방법이다.	
시나몬 로스팅 Cinnamon Roasting		#85	강한 신맛이 있으며 품종 특성이 나타나기 시작하며 시나몬색을 띠며 라이트 로스트와 비교해서 향이 더 깊다.	
미디엄 로스팅 Medium Roasting		#75	밤색으로 산미에 쓴맛이 더해져 바디감이 조금씩 강해지기 시작한다. 향이 좋고 마일드한 맛이 난다.	1차 크랙 시작
하이 로스팅 High Roasting		#65	갈색으로 신맛과 쓴맛이 조화를 이룬다. 미국 동부 지역의 전통적 표준이다.	
시티 로스팅 City Roasting		#55	다갈색으로 쓴맛과 산미의 밸런스가 좋은 중배전이다. 뉴욕에서 선호하여 뉴욕시티의 '시티'를 뜻한다.	2차 크랙 시작

Chapter 9. 커피 로스팅

명칭		Agtron	특징	크랙
풀시티 로스팅 Full City Roasting		#45	흑갈색으로 산미는 약하고 깊은 감칠맛을 즐길 수 있다. 바디감이 풍성하며 커피 표면에 오일성분이 나타나기 시작한다. 아이스커피에도 적합하다.	
프렌치 로스팅 French Roasting		#35	거의 검은색으로 표면에 오일성분으로 인해 반짝거린다. 쓴맛뿐만 아니라 탄맛이 나타나기 시작한다. 카페오레 등의 프렌치 커피에 어울린다. 일본식 아이스용 커피에 적합하다.	
이탈리안 로스팅 Italian Roasting		#25	아주 깊게 배전된 정도로 색은 거의 숯에 가까운 검은색이다. 강한 쓴맛과 탄맛이 지배이다. 에스프레소 등의 이탈리안 커피에 적합하다.	

2) SCAA

SCAA에서는 Agtron사의 수치 측정 값으로 총 8단계의 색을 분류하고 있다. #95~#25까지 8단계로 구성된 'Color Roast Classification System'의 색상을 비교함으로써 로스팅 정도를 쉽게 판별할 수 있도록 하고 있다.

Roast Classification	Color disk values
Very Light	#95
Light	#85
Moderately Light	#75
Light Medium	#65
Medium	#55
Moderately Dark	#45
Dark	#35
Very Dark	#25

Chapter 9. 커피 로스팅

02 로스팅의 이화학적 특성

(자료 : 2010. Kang Rhan Kee. Studies on Physicochemical Properties of Supremo Coffee in Relation to Processing Condition and Characteristics of Purchasingfor the Coffee Lovers)
(2009년 콜롬비아 슈프리모를 직접 실험한 것이므로, 원산지별 로스팅 정도에 따라 실험 결과 수치는 다를 수 있음)

1. 물리적 변화

1) 색 Color의 변화 : 갈변 반응 Sugar Browning

로스팅이 진행되면서 원두는 색깔이 점차 변화한다. 생두의 종류, 밀도, 수분함량, 가공방법, 생산 고도에 따라 변화하는 시점에 차이가 있을 수 있다. 녹색이었던 생두가 로스팅이 진행되면서 수분 증발로 인해 점차 밝아져 노란색으로 바뀌었다가 1차 크랙이 다가오면 밝은 갈색으로 바뀐다. 이러한 갈변화는 당의 카라멜화 반응(Caramelization), 단백질의 마이야르 반응(Maillard Reaction)에 의해 나타난다.

생두에 많은 열이 가해질 수록 갈변화 반응은 빨라지게 되므로 적절한 열량 조절로 원하는 배출 타이밍을 잘 잡는 것이 좋다.

① 캐러멜 화 Caramelization

당을 가열할 때 생두에 5~10% 포함되어 있는 자당은 가열 후 160℃가 되면 캐러멜당으로 변화하여 황색이 된다.

② 마이야르 반응 Maillard Reaction

비효소적 갈변반응으로 생두를 로스팅할 때 생두에 포함되어 있는 미량의 아미노기(Amino group)와 환원당인 카보닐기(Carbonyl group)가 작용하여 갈색의 중합체인 멜라노이딘(Melanoidine)을 만드는 반응을 말한다. 커피 원두의 배전 중에 일어나는 주요 화학반응으로 아미노 카르보닐 반응(Amino Carbonyl)이라고도 말한다.

Chapter 9. 커피 로스팅

2) 모양 Shape의 변화

로스팅이 진행 되면서 원두의 모양은 수분의 함량에 의해 형태가 크게 변화된다. 생두가 열을 받게 되면 내부 수분이 증발하여 원두표면에 주름이 생기게 되는데 이는 생두의 밀도와 수분함량이 클수록 심하게 나타난다.

1st Crack이후 발열반응이 시작되면서 주름이 점차 펴지고 2nd Crack을 전후로 주름이 완전히 펴지게 된다. 이는 원두의 부피 변화와 밀접한 관계가 있다.

| 로스팅 단계별 원두의 색과 부피의 변화 |

라이트   시나몬   미디엄   하이   시티   풀시티   프렌치   이탈리안

3) 부피 Volume의 변화

딱딱한 상태의 생두는 로스팅이 진행됨에 따라 열이 전달되면서 증기와 가스가 형성되고 세포가 압력을 받으면서 부풀게 된다. 보통 생두 상태일 때 보다 2~5배 가량 부풀어 오르는데 원두 내부 깊숙이 열이 전달 될수록 부풀기가 커진다. 따라서 부풀기 상태만 봐도 로스팅이 잘 되었는지 아닌지 알 수 있다.

4) 무게 Weight의 변화

수분 함량과 로스팅 정도에 따라 무게의 변화가 다르게 나타나는데 생두 내부의 수분이 증발하고 커피 성분의 산화, 분해에 의해 가스로 방출되면서 무게는 감소한다. 일반적으로 시티 로스트(City Roasting)일 때 무게는 80% 정도로 감소하며 로스팅이 오래 진행될수록 무게는 더 감소한다.

5) 밀도 Density의 변화

생두는 원산지 별로 밀도가 다른데 이는 품종과 생산고도에 따라 달라진다. 로스팅이 진행되면서 무게는 감소하고 부피 증가로 인해 밀도는 감소하게 되는데, 아라비카에 비해 로부스타가 밀도 감소의 차이가 크다.

6) pH의 변화

pH는 약배전시 낮아졌다가 차차 배전도가 강해지면 pH는 약간 높아진다.

7) 당도 Brix의 변화

당도는 배전도가 강할수록 약간 높아진다.

Chapter 9. 커피 로스팅

| 로스팅 정도에 따른 물리적 특성 변화 |

	색도(L-value)	수분함량(%)	무게 감소율(%)	밀도(g/ml)	pH	당도(^{0}Brix)
생두	64.5	9~12	-	1.1~1.3	5.4	0.7
중배전	20.9	1~3	15~20	0.7~1.0	5.1	0.8
강배전	14.2	0.5~1	20~25	0.5~0.6	5.3	0.9

2. 화학적 변화

생두를 로스팅하면 생두 내부의 수분과 이산화 탄소가 빠져 나오고, 맛과 향이 변하는 등의 열화학 반응에 의해 커피 성분에 많은 변화가 일어난다.

1) 일반성분

탄수화물은 로스팅 후 감소하며 단백질은 아미노산의 종류에 따라 차이가 있으나 총 단백질의 함량은 약간 증가하고, 지방과 무기질의 함량 또한 증가한다.

	탄수화물(%)	단백질(%)	지방(%)	무기질(%)	기타성분(%)
생두	75	1.5	10.7	3.9	8.9
중배전	70	1.3	23	4.1	1.6
강배전	68	1.6	25	4.4	1

2) 탄수화물(유리당, 총당, 식이섬유) 함량

탄수화물 중 유리당류는 원두의 갈색이나 향의 형성에 큰 영향을 미친다. 유리당 중에는 자당의 함량이 많으나 자당(Sucrose)은 아라비카에 4~6%, 로부스타에 1~4% 정도 포함되어 있으며 로스팅 후에 카라멜화로 인해 갈색 색소와 향기성분으로 변화하고 나머지는 이산화탄소와 물로 사라져 거의 대부분 소실된다.

	유리당 (Free Sugar, %)					총 당 (Total Sugar)	식이섬유 (Dietary Fiber, g/100g)	
	포도당(Glucose)	과당(Fructose)	자당(Sucrose)	유당(Lactose)	맥아당(Maltose)		가용성(Soluble)	불용성(Insoluble)
생두	N.D*	N.D	4.1	N.D	N.D	15.5	2.1	43.5
중배전	N.D	N.D	N.D	N.D	N.D	4.7	2.0	44.2
강배전	N.D	N.D	N.D	N.D	N.D	4.0	1.9	49.5

* N.D : Not Detected (발견되지 않음)

Chapter 9. 커피 로스팅

3) 단백질(아미노산)의 변화

생두 중의 단백질은 배전에 의해 열변성을 받아 일부는 저 분자화되고 아미노산을 유리해서 일부 아미노산(Arginine, Histidine, Lysin 등)은 소실되며, 주로 당과 반응해서 Melanoidin 및 향기 성분으로 변화된다.

4) 지방산 함량 g/100g

지질은 열에 강하여 로스팅의 영향을 거의 받지 않으며 아라비카종이 로부스타종보다 더 많이 함유되어 있다. 로스팅을 강하게 진행할수록 세포벽이 파괴되어 쉽게 지질이 표면으로 이동할 수 있다. 장기 저장 시 리파아제(Lipase)에 의해 지질의 산가는 증가한다. 트리글리세리드(Triglyceride)가 형태가 가장 많은데 지방산 중에서는 불포화 지방산인 Linoleic acid 함량이 월등하게 많으며 배전 정도에 따른 변화는 거의 없다.

	포화 지방산		불포화 지방산			
	Palmitic acid	Stearic acid	Oleic acid	Linoleic acid	Llnolenic acid	Arachidonic acid
생두	33.71	7.31	9.04	43.8	1.45	2.77
중배전	33.16	7.37	9.24	44.3	1.47	2.65
강배전	33.15	7.39	9.05	44.5	1.47	2.65

5) 유기산 함량 g/100g

휘발성을 갖는 유기산인 Acetic Acid, Oxalic Acid는 배전 후 증가되고, Citric Acid는 배전 후 감소된다.

	acetic acid	proponic acid	oxalic acid	citric acid	fumaric acid
생두	2,418	1,776	509	1,883	1,911
중배전	9,070	1,722	1,029	504	1,252
강배전	8,930	1,792	1,487	551	1,763

6) 무기질 함량 w/w%

일반적으로 배전 후 무기질의 함량은 약간씩 증가되며 무기질 중에서도 특히 칼륨의 함량이 가장 많다.

	칼슘 Ca	마그네슘 Mg	철 Fe	나트륨 Na	칼륨 K
생두	–	–	–	–	–
중배전	0.09	0.16	0.01	0.05	0.95
강배전	0.09	0.19	0.01	0.06	1.06

Chapter 9. 커피 로스팅

7) 비타민 함량

수용성 비타민 중에서 비타민 C는 건조와 배전 과정을 거치면서 모두 파괴되고, 나이아신(Niacin)의 함량은 로스팅 후 많이 증가하고, 지용성 비타민인 비타민 E의 함량은 많으나 배전 후 변화가 없다.

	비타민	생두	원두
지용성 비타민	토코페롤(Tocopherol) = 비타민E (g/100g)	21.2	22.4
수용성 비타민	나이아신(Niacin)	10.8	13.6~306.8
	티아민(Thiamin) = 비타민B$_1$	1~2	0~0.6
	리보플라빈(Riboflavin) = 비타민B$_2$	2~3	0.5~1.9
	아스코르브산(Ascorblc acid) = 비타민C	450~600	–
	판토테닉산(Panthothenic acid)	9.8	2.1

8) 카페인 Caffein 함량

카페인은 퓨린(Purine)염류에 속하며 재배지, 품종에 따라 함량 차이가 있지만 아라비카보다는 로부스타 종에 카페인 함량이 많으며 카페인은 열에 안정적이어서 배전 후 큰 차이는 없다고 다른 자료에는 보고된 바 있다. 그러나, 저자의 실험에 의한 콜롬비아 수프리모의 카페인 함량은 배전 후 카페인 함량이 약간 증가했고, 냉수 추출과 우유를 첨가한 카푸치노는 에스프레소에 비해 상대적으로 카페인 함량이 감소되었다.

	에스프레소(mg/100g)	더치커피(mg/100g)	카푸치노(mg/100g)
생두	211	–	–
중배전	1,311	680	518
강배전	1,598	700	637

9) 항산화물질

커피의 항산화물질의 대표적인 총 페놀화합물의 함량은 매우 높게 나타났으며, 배전 후 2주까지는 약간 증가했다가 점차적으로 감소하기 시작하고 배전 후 4주까지는 급격하게 감소되나 커피의 원산지와 추출 방법, 추출온도에 따라 영향을 받는다.

	수프리모 커피(mg/ml)
생두	1.51
중배전	1.29
강배전	1.22

클로로겐산(Chlorogenic acid)은 폴리페놀의 일종으로 암 발생을 억제하거나 활성 산소를 억제하며 열에 불안정하여 쉽게 카페익산(Caffeic acid)과 퀴닉산(Quinic acid)으로 분해되고, 고분자의 갈색 색소는 클로로겐산(Chlorogenic acid)류와 단백질 및 다당류와의 반응으로 형성된다.

Chapter 9. 커피 로스팅

3. 커피가 인체 건강에 미치는 영향에 관한 연구사

1) 커피의 좋은 성분

Triglyceride, Phospholipid 지질이 함유되어 있으며, 포화지방산에는 palmitic acid, stearic acid이 있고 불포화지방산 중에는 oleic acid, linoleic acid, linolenic acid, arachidonic acid가 있는데, 그중에서도 커피에는 필수지방산인 linoleic acid이 가장 많이 들어 있다. 또한 Diterpene은 비타민 E와 비타민 K의 구성에 관여하며, 약초에 들어 있어서 약리효과, 에센스의 성분에 쓰이기도 하며 커피에 극소량 들어있다.

(1) 페놀화합물

① 커피의 항산화 활성은 커피 원두에 함유된 tocopherol과 chlorogenic acid, 5-hydroxytryptamine과 같은 페놀화합물과 배전과정에서 maillard 반응으로 생성되는 갈색 물질인 melanoidin과 휘발성 성분에 의해서도 나타나는 것으로 보고되고 있다.[01] [02] [03]

② Tocopherol은 커피박에 존재하고 Chlorogenic acid는 배전과정 중에 거의 소실되는 것으로 알려져 있다.[04]

③ 커피의 클로로겐산이 간의 포도당 흡수를 감소시켜 주고, 커피 속의 마그네슘은 인슐린 민감성을 개선시켜 성인 당뇨병에 걸릴 위험을 더 낮춰주며,[05] 에너지 대사에 영향을 미쳐 제2형 당뇨병의 발병을 낮춘다.[06]

④ 커피의 페놀화합물의 함량을 측정한 결과 레드와인보다 높은 것으로 나타났다.[07]

⑤ 폴리페놀 성분이 있어 강한 항산화작용으로 멜라닌 색소의 생성을 억제하고 피부노화를 막아주며 카페인은 진통제의 효과를 높여준다. 배전 시간에 따라 갈색도와 항산화성이 비례관계를 보이다가 배전시간 14분을 기점으로 오히려 항산화성이 다소 감소하는 것으로 보고 되었다. 이와 같이 배전시간에 따라 항산화성이 다소 감소하는 경향은 커피의 성분 중 항산화성을 보이던 비수용성 물질이 수용성 물질로 분해가 되기 때문이다.[08]

⑥ Chlorogenic acid의 경우, 배전 공정 중 쉽게 분해되어 여러 페놀 화합물을 생성하고[09] 지방 흡수 억제 및 지방 대사의 활성화를 통한 체중 및 체지방 축적 억제 효과[10]가 있는 것으로 나타났다.

⑦ 커피 성분 중의 일부가 간기능 보호역할을 하여 커피 마시는 사람은 안 마시는 사람에 비해서 간경화 발생률이 1/5 정도로 담석증과 알코올성 간질환과 췌장염[11]의 위험을 감소시킨다.

⑧ 커피의 제조방법, 배전의 차이, 음용량과 음용횟수, 커피의 진한 정도에 따라 차이가 있지만, 하루에 4잔 정도의 커피 음용은 폐경 전의 여성에게 유방암의 발병 위험을 감소시키며 커피에 포함된 Chlorogenic acid와 Tocopherol은 강한 항산화물질로 암세포 발생을 억제하여 결장암, 간암, 설암 등을 예방한다.

Chapter 9. 커피 로스팅

(2) 카페인 Caffein

카페인은 냄새가 없는 침상의 결정으로 120-178℃에서 승화하여 뜨거운 물에 잘 녹고, 냄새는 없으며, 약간 쓴맛이 있고 물에 녹는 용해도는 온도가 높을수록 증가되고 1% 수용액의 pH는 6.9이다. 화학식은 $C_8H_{10}N_4O_2 \cdot nH_2O$(n=1 and 0)이다.

① 카페인의 섭취는 교감 신경계를 자극하여 지방 세포의 분해와 지방 산화를 증가시키고 열 발생을 증가시켜 이로 인하여 체지방의 축적이 억제되어 항비만 효과가 있음이 보고 되었다.[12]
② 카페인은 부신피질 호르몬 분비를 활성화시켜 순환기 계통의 운동을 늘리고 이뇨작용을 유발하며 기관지 확장, 담낭수축, 위장관 운동성을 증가시키는 등의 효과를 나타낸다.[13], [14]
③ 카페인 섭취는 파킨스 병과 알츠하이머 질병의 발병을 낮춘다.[15], [16], [17], [18]
④ 노화 유발과 천식 증세를 완화시키고 알코올과 연관된 췌장염의 위험을 감소시킨다.
⑤ 중추신경 흥분제로 작용하여 수행능력 향상과 피로가 줄어들며 각성 정도가 향상되며 공격 성향을 줄여준다.
⑥ 오랜 기간 카페인의 섭취는 포도당 대사와 인슐린 민감도를 개선시켜 제2형 당뇨병의 발병 위험을 낮춘다고 보고 되었다.[19]

(3) 식이섬유 Dietary Fiber

커피엔 식이섬유 함량이 많아 다이어트에 도움이 된다.

추출된 커피는 다른 흔한 음료보다 상당히 높은 양의 용해성 식이 섬유(Coffee 100g 당 0.47-0.75g)를 포함하고 있고, 커피 식이 섬유는 많은 양의 결합 항산화 페놀(추출된 커피 100g 당 8.7-10.5 mg)을 함유한다. 역학적 조사의 결과는 커피 소비가 제2유형의 당뇨병, 동맥경화증, 그리고 신경성 소화 질병을 포함한 많은 만성적 질병을 예방하는 데 도움이 될 것이다.[20]

(4) 나이아신 Niacin

커피의 나이아신이 지방 분해를 촉진시키고, 식사 전에 마시면 식욕을 억제시켜 과식 예방, 칼로리 소비를 촉진시키고, 기초대사량을 증가시켜 비만 방지에 효과가 있다.

2) 커피의 과다 음용시 우려되는 성분

(1) 카페인 Caffein

카페인은 배전 공정에 따라 그 성분의 변화가 크지 않지만[21], 트리고넬린 Trigonelline 의 경우는 급격히 분해되어 주요 휘발성 성분을 생성하는 것으로 알려져 있다.[22]

① 카페인의 이뇨작용으로 인한 칼슘 배설을 증가시켜 골다공증의 우려가 있다.
카페인의 경구섭취 후 3시간 동안 소변으로 칼슘, 마그네슘, 나트륨, 염소의 배설이 증대되어 칼슘의 섭취량이 권장량 미만으로 낮은 여성에게는 해로운 효과가 있을 수 있다고 보고되고 있다.[23]

Chapter 9. 커피 로스팅

② 일반적으로 커피 한 잔에는 약 40~108 ㎎의 카페인이 함유되어 있는데[24), 25)], 칼슘의 섭취수준이 낮은 폐경 후 여성에게 있어 카페인 섭취가 높을수록 카페인 섭취가 낮은 여성에 비해 유의적인골 손실 증가를 보이는 것으로 나타났다.[26)]

③ 과다한 카페인이 지방 산화율을 증가시켜 혈중의 유리지방산, 콜레스테롤 및 중성지방의 함량을 높여 동맥경화증과 심근경색증 등 심혈관계 질환의 위험이 증가될 수 있다.[27), 28)]

(2) 기타 성분

① 커피의 과다 섭취가 콜레스테롤을 포함하여 몇몇 심장 혈관 질병의 위험 요소의 증가와 관련되어 있으며, 시럽이나 휘핑크림이 함유된 커피나 커피믹스의 프림은 포화지방산이므로 혈중 콜레스테롤 수치를 높여 과다 음용시 고지혈증과 비만의 우려가 있다.

② 커피의 과다 섭취가 혈중지질이나 심장질환에 관련성 있으나 흡연, 설탕과의 상관성 때문으로 하루에 4잔 이상의 커피 섭취군은 심혈관계 질환의 발생 위험도가 높다고 보고되고 있다.

③ 커피를 다량 음용시 심장계 질환을 유발할수 있고 노인이 커피를 많이마시면 이뇨작용으로 탈수증상 및 변비를 초래할수 있고 골다공증이 있다면 칼슘의 흡수를 방해해 이를 더욱 악화시킬 수 있다.

④ 저녁에 과다하게 마신 커피는 위산 분비 촉진 과 위산의 역류 유발로 역류성 식도염이 생길 수 있으며, 불면증을 유발하고, 단시간에 많이 마시면 카페니즘(불안, 초조, 불면, 두통, 설사)현상이 있을 수 있다. 카페인이 칼슘의 흡수를 방해하므로 임신초기에는 피하는 것이 좋다.[29)]

⑤ 철분 흡수율을 저하시킬 수 있으며, 헤마토크리트 농도와 헤모글로빈 수준은 식이내 철분이 부족할수록 높아져 빈혈을 심화시킨다.

⑥ Chlorogenic acid는 15-325 ㎎/잔 함유되어 과다 음용시 위산분비를 촉진하며 Coffee Wax (c-5-HT)는 위자극물질로 알려져 있다.[30)]

03 로스팅 정도와 CO_2 잔존량 변화

로스팅이 진행되면 후각을 통해 각 단계별로 향의 변화를 느낄 수 있다. 생두를 투입하면 수분이 증발하면서 특유의 냄새가 나기 시작하며 콩의 색이 노란색으로 변하면서 고소한 향과 단향이 나기 시작한다. 1차 크랙이 시작하면 단향에 신향이 더해졌다가 2차 크랙이 시작되면 커피 고유의 향이 나타나며 2차 크랙 최고점에 다다르면 향이 감소하며 탄향이 나타나기 시작한다.

커피의 향기는 커피의 중요한 품질 요소 중 가장 중요한 특성이며 당분, 아미노산, 유기산 등이 로스팅 과정을 거치며 갈변 반응을 통해 향기 성분으로 바뀐다. 향기 성분의 50%는 알데히드(Aldehyde)이며, 20%는 케톤(Ketone), 8%는 에스테르(Ester)이다. 휘발성 화합물은 중량의 0.05% 미만으로 매우 적은 양이나 가스 방출과 함께 증발되어 상온에서 시간이 지나면서 커피 향기를 잃어버린다. 일반적으로 아라

Chapter 9. 커피 로스팅

비카종이 로부스타종보다 향기 성분이 많으며, 로스팅이 진행되면서 풀시티 로스트까지 증가하나 프렌치, 이탈리안 로스트에 이르면 오히려 감소한다.

커피 원두는 탄산가스로 인해 숙성기간이 필요하게 된다. 로스팅후 4~10일 사이가 가장 향미가 좋으며 항산화물질이 많이 있으나 15일 이후 부터는 감소하게 된다. 따라서, 1달 이상 경과하지 않는 것이 좋다.

1. CO_2 잔존량에 따른 추출의 변화

로스팅 후에는 탄산가스, 즉 CO_2를 적절히 방출하는 작업이 꼭 필요한데, 이산화탄소를 공기 중으로 날려 보내는 것을 디개싱(Degassing)이라고 한다. 이를 '에이징' 또는 '숙성'이라고 부르기도 한다.

이유는 이산화탄소가 오래 남아 있으면 거친 맛이 강해지기 때문이다. 그렇다고 이산화탄소가 커피에 해로운 것만은 아니다. 산소가 들어오는 것을 저지해 산화되는 것을 막는 역할도 한다.

볶은 원두를 포장할 때에는 8~24시간 정도 이산화탄소를 날려 보낸 뒤 실시 하는게 좋다. 숙성은 커피를 볶은 후 1~3일 정도 하며 로스팅 정도, 상태, 보관, 온도 등에 따라 다소 달라진다. 이러한 CO_2 잔존량의 차이로 추출할 때 차이가 있다.

1) 로스팅 1일 정도 된 원두 : CO_2 잔존량이 많을 때

	CO_2 잔존량이 많은 로스팅한 지 얼마 안 된 원두로 에스프레소를 추출할 경우 추출할 때 떨어지는 모습이 꿀렁꿀렁한 느낌이다. CO_2를 많이 함유하고 있어 기포가 발생하며 추출 시 크레마에 가스를 많이 함유하고 있는 상태로, 추출된 액체보다 크레마가 훨씬 더 많이 추출 되는 것을 볼 수 있다.
	추출된 양을 비교했을 때 크레마와 액체의 비율 중 크레마의 비율이 높은 것으로 확인된다.

Chapter 9. 커피 로스팅

2) 로스팅 후 5~7일 지난 원두

커피가 맛있는 상태로, CO_2 잔존량이 적당해서 커피가 균일하고 가늘게 떨어진다. CO_2가 적당히 있어 물이 커피입자와 만나는 시간이 어느 정도 유지될 수 있게 하여 크레마의 질감이 기포 발생 없이 매끈하게 떨어진다.

커피속의 고형물질을 충분히 이끌어낼 수 있어서 적절한 크레마의 두께와 액체의 비율이 좋게 추출된다.

3) 로스팅한지 오래 되어 향기 성분이 소실되고 산패한 경우

CO_2 잔존량이 적어 추출시 일관성 없이 물처럼 콸콸 쏟아진다.
커피 가루 사이에 머무는 시간이 짧아 고형 물질이 제대로 배출되지 못해서 거품이 맑은색을 띠며 크레마가 거의없이 추출된다.

물과 만나 함께 배출될때 물이 통과하는 길에 가스가 존재하지 않아 물이 고형 물질 속에 머무는 시간이 짧아 진한 고형 물질은 제대로 함께 배출되지 못하여 크레마가 거의 없고 얇은 구멍이 보인다.

2. CO_2 잔존량 차이에 따른 에스프레소의 추출 후 비교

1		**CO_2 잔존량이 많을 때(로스팅 1일 된 원두)** CO_2 잔존량이 많으면 같은 조건의 같은 시간동안 추출 시 그 고형 물질이 빠져 나오는 길을 CO_2가 방해하기 때문에 고형 물질보다 가스가 더 많이 나와 크레마가 액체 양보다 더많이 함유되어 있어 크레마의 조밀도가 높고 가스가 많이 함유 되고 색이 연하다.
2		**CO_2 잔존량이 적당할 때(로스팅 5~7일 된 원두)** 이산화탄소가 방출되는 과정에서 커피의 고형물질과 향기를 끌어내는 역할을 하기 때문에 이산화탄소가 적당히 들어있어 추출에 유익하다.
3		**CO_2 잔존량이 적을 때(로스팅한 지 오래된 원두)** CO_2 잔존량이 적어 고형물질이 제대로 배출되지 못해 크레마가 거의 없고 거품이 맑은 색을 띠며 일관성이 없고 얇다.

3. CO_2 잔존량의 차이에 따른 핸드드립 추출 후의 비교

1		**갓 볶은 원두(CO_2 잔존량이 많을 때)** 커피 원두가 물과 만나 커피입자 속에 남아있던 CO_2를 배출하고 그 가스와 함께 배출하게 된다. 이때 갓 볶은 커피는 가스, 즉 CO_2가 많기 때문에 부풀림이 크고 많다. 이는 커피 입자가 물과 만나면서 물이 원두 입자에 스며들며 그 안에 들어 있는 고형 성분이 가스와 함께 배출하는데, 이때 가스가 많으면 더 활발히 움직이기 때문에 많이 부푸는 것이다.
2		**로스팅한지 오래된 원두(CO_2 잔존량이 적을 때)** 로스팅한 후 시간이 많이지나면 CO_2 잔존량이 적어 고형성분을 배출하지 못하여 활발히 움직이지 못하기 때문에 핸드드립 시 커피가 부풀지 않는다.

Chapter 9. 커피 로스팅

04 커피의 산패와 보관

1. 커피의 산패

산패(산화)는 지방의 변질을 의미하며 공기 중의 산소와 반응하여 유기물이 산화되어 지방산을 발생하여 항산화물질이 감소되고 향이 날아가고 맛이 떨어진다.

1) 커피의 산패과정

① 증발 evaporation
로스팅된 커피의 휘발성 물질이 탄산가스와 함께 증발되는 단계를 말한다.

② 반응 reaction
로스팅된 커피 내부의 여러 가지 휘발성분들끼리 서로 반응하면서 원래의 향미를 잃어가고 유쾌하지 못한 냄새가 발생하기 시작하는 단계를 말한다.

③ 산화 oxidation
본격적인 산화 과정으로써 산소와 결합된 커피 내부성분이 변질되어 가는 과정을 말한다.

2) 산패의 원인

커피 산패의 주된 원인은 공기(산소), 수분, 온도이며 로스팅의 강약 정도, 커피 원두의 분쇄시점과 분쇄입도, 개봉 후의 보관상태 등의 요인이 있다.
커피의 산패는 산소와 커피가 접촉하면서 발생되는 것인데 공기와 수분에는 다량의 산소가 포함되어 있다. 이러한 공기와 대기 중의 수분이 커피와 접촉하게 되면 커피가 산패되어 가는 것이다. 로스팅된 커피 원두는 미세한 구멍이 수없이 뚫려 있는 건조한 다공질 조직으로 공기와 수분을 쉽게 흡수한다.

Chapter 9. 커피 로스팅

| 산패의 요인과 진행 과정 |

산패 요인	산패 진행
산소	공기 중의 산소는 원두의 산화를 촉진시키는 필수 조건이다. 포장 내 소량의 산소만으로도 완전 산화된다.
수분	커피를 볶으면 무게는 줄어들고 부피는 늘어난다. 즉, 속이 스펀지처럼 되어 주위의 습기를 잘 흡수하여 신선도를 떨어뜨리는 동시에 나쁜 냄새까지도 흡수하므로 냉장고처럼 습기가 많은 곳은 피한다. 상대 습도가 100%일때 3~4일, 50%일때 7~8일, 0%일때 3~4주부터 산화가 진행된다.
온도	볶은 커피는 보관 온도가 높으면 산화 속도가 더욱 촉진되어 향미가 떨어진다. 그러므로 커피는 낮은 온도로 보관하는 것이 유리하다. 온도 10℃ 상승 시마다 2, 3배씩 향기 성분이 손실된다.
햇빛, 열	햇빛의 자외선과 분쇄시 칼날과의 마찰열은 산화반응을 촉진시킨다.
금속	금속에 의해 산화는 촉진되므로 분쇄시 칼날과 접촉한 부분이 산화를 촉진시킨다.
로스팅 정도	강한 로스팅일수록 원두의 조직이 더욱 다공질 조직이 되므로 표면에 커피오일이 많을 때 약한 로스팅일 때 보다 빨리 산패가 촉진된다.
분쇄 입도	분쇄 상태의 커피는 분쇄과정 시 마찰열이 발생하고 분쇄 입자가 작을수록 표면적이 넓어져 공기와의 접촉이 쉬워 산화가 촉진된다.

2. 커피의 보관

1) 생두의 포장

① 진공포장

진공포장 방식은 공기를 제거하여 산화의 요인을 제거하는 포장이다. 진공 포장으로 오래 보관된 커피 봉투가 부풀어 오른 것은 산화가 일어나서 속의 가스가 배출되지 못하고 부풀어 오른 것이다.

② One-way 밸브

원두는 계속 산화반응이 일어나서 탄산가스가 나온다. 밸브가 부착된 봉투에 그냥 커피를 담고 밀봉시켜 밸브 속의 가스는 밖으로 배출시키나, 바깥의 산소와 습기가 안으로 유입되는 것을 막아주는 One-way밸브 장치다.

Chapter 9. 커피 로스팅

③ 질소 치환 포장

봉투내의 공기를 질소로 바꿔 채워 커피의 산패를 방지하는 방법으로 깡통에 담긴 커피에 많이 사용한다.

④ 가스 흡수제 사용

2) 커피의 보관

① 실온 보관

강한 햇빛에 노출되어 있는 것은 좋지 않고 고온다습한 환경은 꼭 피한다. 생두 상태로 커피를 보관할 때는 여름 장마철같이 고온 다습한 곳은 피하고 너무 건조한 곳도 좋지 않다. 처음 구입 시 금방 볶은 신선한 원두를 100g~200g 정도의 최소 분량을 구입하여 실온에서 보관하여 2일 후부터 2주일 내에 소비하도록 한다.

② 냉장 보관

한 달 이상 보관이 필요한 원두는 냉장고에 보관하되 밀봉하지 않으면 냉장고 안의 다른 냄새와 습기를 흡수하여 더욱 나쁜 결과를 초래할 수 있다. 냉장했던 커피는 개봉하는 순간 급속하게 주변의 공기와 습기를 흡수하므로 한 번에 모두 사용하지 않을 경우 다시 밀봉한다 해도 좋지 않다.

③ 냉동 보관

원두를 냉동 보관하면 햇빛, 온도로부터 커피를 지킬 수 있지만, 습기는 산소를 차단할 수 없다. 냉동 중에는 변질되지 않겠지만 사용시 해동하는 과정에서 그 신선도는 급격히 저하될 수 있다. 장기보관이 필요할 때 원두상태의 커피를 1인분씩 계량하여 습기에 강한 재질로 진공포장 후 냉동실에 보관하고, 먹기 약 30분 전에 꺼내어 실온에 맞추어 결로현상이 포장재에만 생기게 한 후에 그 습기를 제거하고 개봉한다.

Chapter 9. 커피 로스팅

제5절 로스팅 기계 관리하기

01 내부구조

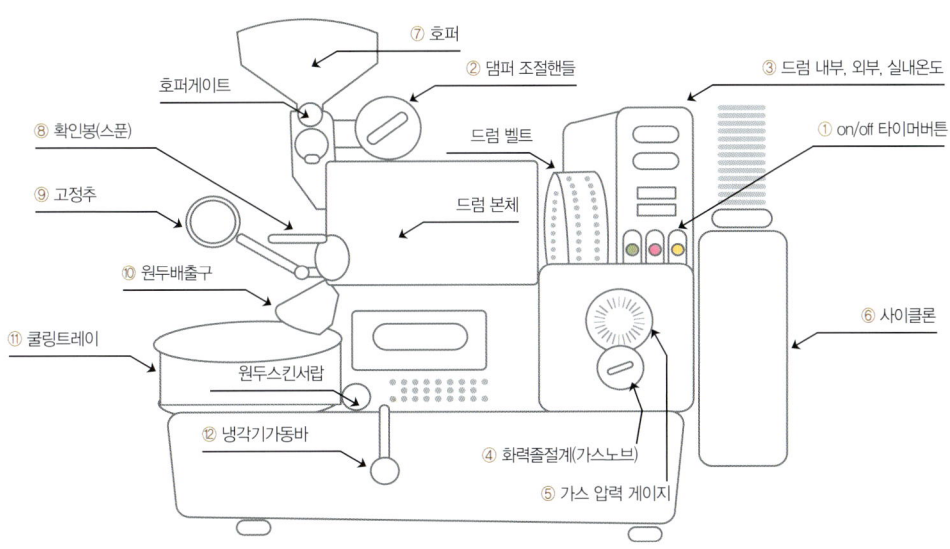

모델 이미지 : PROASTER 프로스타(한국)

① **전원 스위치** 로스터 본체에 전원 ON, OFF 기능.
② **댐퍼(Damper)** 드럼 내부의 공기 흐름과 열량을 조절하는 장치.
  (드럼 내부의 열량, 향, 연기, 실버스킨 배출 등을 조절하는 기능)
③ **온도 센서** 드럼 내부의 온도 변화를 체크해 주는 역할.
④ **화력조절계(가스노브)** 드럼 내·외부에 필요한 열량을 공급하는 역할.
⑤ **압력게이지** 가스의 압력 게이지를 나타내는 계기판.
⑥ **사이클론(집진기)** 로스팅 과정에서 발생하는 실버스킨과 기타 불순물을 모아 주는 기능.
⑦ **호퍼** 볶을 생두를 담아 놓는 곳.
⑧ **샘플 확인봉(스푼)** 로스팅 과정 중 향, 모양, 컬러의 변화를 직접 확인할 수 있는 봉
⑨ **고정추** 원두 배출 시 배출 게이트를 개방할 수 있는 무게추.
⑩ **원두배출구** 로스팅을 마친 커피가 배출되는 곳.
⑪ **쿨링 트레이** 로스팅 된 커피를 빠르게 식혀 주는 교반 역할.
⑫ **하부 배기 댐퍼 손잡이** 배기 댐퍼 설정모드를 전환. 앞으로 잡아당기면 배기 댐퍼는 개방되어 열풍전용모드가 되며, 밀어 넣으면 배기 댐퍼는 닫혀 냉각모드로 전환.

Chapter 9. 커피 로스팅

02 댐퍼 Damper

댐퍼는 로스팅 드럼 배기 댐퍼, 교반기 냉각용 배기 댐퍼 2가지로 나눈다. 하나로 되어있는 선택형과 각각 따로 되어 있는 독립형으로 구분 된다.

1) 댐퍼의 역할

댐퍼의 역할은 연소가스, 온도가 부가된 기체의 양을 컨트롤 하는 것이다.

① 댐퍼를 열 경우
기본적으로는 드럼 내의 온도가 내려가게 되고 드럼 내의 연소가스와 각종 부산물인 먼지 커피 찌꺼기 등이 같이 배출된다.

② 댐퍼를 닫을 경우
기본적으로 드럼 내의 온도가 올라가게 된다. 커피에서 발생하는 연소가스(휘발성 향기 성분 및 각종 화학물질)가 드럼 내에 머물게 되어 커피에 영향을 줄 수 있다.

2) 댐퍼의 종류

① 복합형(전환형) 혹은 셀렉션(Selection)
댐퍼 방향을 조절하여 드럼배기 상태를 조절한다.(댐퍼의 위치를 조절하여 드럼 속의 풍향을 드럼 배기 댐퍼로 조절 하는 것) 전환이란 것은 선택의 뜻을 가진 말로 드럼과 쿨러 중 하나를 선택하는것을 말한다.

② 독립형
독립형은 그 기능을 각각 지니고 있는 것으로 Ventilation 전환댐퍼는 없다.
　댐퍼는 눈금상 "닫힘" = "0"으로 되어 있어도 구조상 약간의 공간이 열려 있다. 완전 닫힘의 상태가 되지 않게 하는 이유는 불완전 연소의 방지와 2차 연소(미 연소가스)가 연통(Duct)의 밖에서 타서 나오지 않게 하기 위한 조치이다. 댐퍼를 잘 조작해야 로스팅이 원활하며, 원하는 향을 얻을 수 있다. 댐퍼를 열고 닫는 시기와 정도 등 정확한 습득을 위해 연구와 노력을 해야 한다.

③ 확인봉 (Sampler)
확인봉은 로스팅 진행 중에 드럼 속의 콩의 진행상태를 확인(눈, 귀, 코)할 수 있는 도구이다. 지금의 확인봉은 안전 장치가 있어서 드럼 속으로 들어가는 일은 없겠지만 예전의 로스팅기계에서는 드럼 속으로 확인봉을 떨어뜨리는 경우가 종종 있었다. 요즘의 확인봉은 커피 배출구 위에 보통 위치해 있으며, 일본의 로스팅 머신은 소형 로스터기일 경우 드럼 중앙봉에 위치해 있는 경우가 일반적이다. 간혹 확인봉을 꺼낼때, 상 하의 구분이 필요한 기기가 있는데 이것 역시 주의해야 한다.

Chapter 9. 커피 로스팅

3) 댐퍼의 기능

① 드럼 내부의 공기 흐름 조절

로스팅에서 가장 중요한 것은 열 조절이다. 열 조절을 위해 가스 공급량이나 드럼 내 온도 조절 등 화력조절을 가장 우선시 하고 댐퍼의 조절로 열 조절을 보조한다. 커피의 향미는 열 조절 방식에 따라 화학적 변화가 다양하게 일어남으로 세밀한 댐퍼 조절이 향미를 좌우하게 된다.

② 드럼 내부의 열량 조절 기능

댐퍼를 열면 잠열로 잡혀있던 열이 드럼 내부를 통과하면서 열량을 공급해 주는 역할을 한다. 로스팅기를 점화해서 드럼을 예열할 때에는 댐퍼를 닫아 잠열을 모아주고 생두를 투입해서 로스팅을 진행할 때에는 반 개폐 혹은 완전 개폐를 하여 드럼 내부로 충분한 열량이 공급되게 한다. 1st Crack 이후 댐퍼를 닫아 맛과 향을 유지 시키기도 한다.

③ Sliver Skin 배출 기능

댐퍼를 열면 드럼 외부에 쌓여 있는 잠열을 드럼 내부로 순환시키는 강제대류가 일어난다. 이때 대류열을 따라 드럼 내부의 매연과 은피가 사이클론 방향으로 빠져나간다. 매연은 사이클론에 설치된 송풍기를 따라 외부로 배출되고 무게가 있는 은피는 사이클론 하부의 은피제거통으로 내려간다.

4) 로스팅 과정 중 댐퍼 조절시점

① 흡열반응 및 1차 수분증발시점 댐퍼의 역할

생두는 투입 후 드럼 내에 있는 열을 흡수하면서 수분을 증발 시킨다. 이 시점에서의 댐퍼의 역할은 불필요한 향을 드럼 외부로 배출시키고 드럼 외부에 있는 잠열을 모아 드럼 내부에 충분한 열량을 공급하는 역할을 한다. 완전 개폐 보다는 반 개폐를 유지한다.

② Light Yellow시점 댐퍼의 역할

생두의 탈수가 진행되면 점차 노란색으로 바뀌어 간다. 이때 댐퍼를 최대한 열어 생두 내부까지 충분한 열량이 공급되도록 한다. 이때 댐퍼는 생두 상태의 비릿한 향을 외부로 배출하고 생두에서 분리한 은피를 배출하는 역할을 한다.

③ 1차 크랙 댐퍼의 역할

로스터기에 투입된 원두는 1차 크랙을 기점으로 흡열반응에서 발열반응 상태로 바뀐다. 이때 댐퍼를 조절함으로써 신향의 강도 조절이 가능하다. 보통 1차 크랙이 끝나는 시점에서 댐퍼를 닫아 향과 맛을 유지 시키고 열량을 줄여 원두의 내부 깊숙이 열이 골고루 전달되게 한다.

Chapter 9. 커피 로스팅

④ 2차 크랙의 댐퍼 역할

2차 크랙에 이르면 원두는 고유한 향과 맛을 갖추게 된다. 이때 댐퍼를 열고 닫음으로써 맛과 향의 강도 조절이 가능하다. 또한 원두 표면의 주름을 펴 주기 위해 댐퍼를 약간 열어 열량을 공급해 주기도 한다.

5) 댐퍼의 조작이 맛과 향에 미치는 영향

커피의 맛을 확실하게 내고 싶다면 댐퍼를 열고 로스팅을 진행하는 편이 낫다. 댐퍼를 전폐하고 로스팅을 진행했을 때 맛과 향이 좋다고 주장하는 사람들이 있는데, 전폐한 로스팅 원두와 전개한 로스팅 원두를 블라인딩 테스트 해 보면 꼭 그렇지 않다는 것을 알 수 있다. 댐퍼를 닫으면 공기의 흐름이 원활하지 않아 드럼 내 향의 휘발성 성분이 많이 발생에 순간적으로 타는 현상이 발생한다. 이러한 경우 원두에 고무탄내 혹은 담배 냄새가 배일 수도 있다.

드럼 내부에 투입된 콩의 온도 상승은 H(열량) = T(온도) × H(시간)으로 정리할 수 있는데, 이는 원두에 가해지는 온도와 시간의 함수관계를 말하는 것으로 이에 대한 변수를 얼마나 어떻게 설정하는지에 따라 맛과 향이 좌우된다. 댐퍼는 이 변수중 하나를 조절하는 부수적인 기능이라 볼 수 있다.

6) 댐퍼의 보수 점검

배기댐퍼와 급기댐퍼가 나누어진 로스터기의 경우 주 1회 이상 청소를 해주어야 기능에 이상이 발생하지 않는다. 로스터기는 사람이 마시는 커피를 볶는 기계 이므로 항상 기계에 바르는 오일 종류도 몸에 해롭지 않은 성분을 사용해야 한다. 가급적 식용 구리스 등을 이용하여 댐퍼의 마디마디에 기름칠을 해 주는 것이 좋다. 기름칠을 하지 않고 오래 사용할 경우 배전 중 발생하는 찌꺼기가 굳어 댐퍼의 개폐 조절이 어려워질 수 있다.

참고문헌

01 Lenmann G, Neunhoeffer O, Roselius W, Vitzhum, (1972). An antioxidant derived from green coffee beans. patent 1,275, 129.

02 Marku C. Shibamoto T. (1991). Volatile antioxidants isolated from brewed coffee. In proceeding of the 14th international scientific colloquium on coffee. San Fracisco, p146.

03 Rhi JW, Shin HS. (1996). Antioxidative effect of brown materials extracted from roasted coffee beans. Korean J Food Sci Technol 28(1):109-116.

04 Rhi JW, Shin HS. (1993). Physicochemical properties of antioxidant fractions extracted from freeze - Dried coffee by various solvents. Korean J Food Sci Technol 25(3):220-224.

05 Nurminen,M.L.,Niittynen,I., Korpela,R.,et al. 1999. Coffee, caffeine and blood pressure :a critical review. Eur J. Clin. Nutr. 53: 831-839

06 Salazar ME, Willett WC, Ascherio A, Manson JE, Leitzmann MF, Stampfer MJ, Hu FB. (2004). Coffee consumption and risk for type 2 diabetes mellitus. Ann Intern Med 140:1-8.

07 Karakaya S, El SN, Tas AA. (2001). Antioxidant activity of some foods containing phenolic compounds. Int J Food Sci Nutr 52(6):501-508.

08 Kim KJ, Park SK. (2006). Changes in major chemical constituents of green coffee beans during the roasting. Korean J Food Sci Technol 38(2): 153-158 .

09 Shin YS, Lee JE, Yeon IK, Do HW, Cheung JD, Kang CK, Choi SY, Youn SJ, Cho JG,Kwoen DJ. (2008). Antioxidant and antimicrobial effects of extract with water and ethanol of oriental melon(CucumismeloL. varmakuwaMakino). J Korean Soc Appl Biol Chem 51(3):194-199.

10 Shimoda H, Seki E, Aitani M. (2006). Inhibitory effect of green coffee bean extract on fat accumulation and body weight gain in mice. BMC Complement Altern Med 6:1-9.

11 Morton C, Klatsky AL, Udaltsova N. (2004). Smoking, coffee, and pancreatitis. Am J Gastroenterol 99(4):731-738.

12 Acheson KJ, Gremaud G, Meirim I, Montigon F, Krebs Y, Fay LB, Gay LJ, Schneiter P, Schindler C, Tappy L. (2004). Metabolic effects of caffeine in humans: lipid oxidation or futile cycling? Am J Clin Nutr 79(1): 40-46).

13 Greenberg JA, Boozer CN, Geliebter A. (2006). Coffee, diabetes, and weight control. Am J Clin Nutr 84(4): 682-693.

참고문헌

14 Zheng G, Sayama K, Okubo T, Juneja LR, Oguni I. (2004).Anti-obesity effects of three major components of green tea, catechins, caffeine and theanine, in mice. In Vivo 18(1): 55-62).

15 Abbott RD, Webster Ross G, White LR, Sanderson WT, Burchfiel CM, Kashon M, Sharp DS, Masaki KH, Curb JD, Petrovitch H. (2003). Environmental, life-style, and physical precursors of clinical Parkinson' disease: recent findings from the Honolulu-Asia Aging Study. J Neurol 250(3): III30-III39.

16 Heuser I. (2003). Prevention of dementias: state of the art. Dtsch Med Wochenschr 128(9):421-422.

17 Lindsay J, Laurin D, Verreault R, Hebert R, Helliwell B, Hill GB, McDowell I. (2002). Risk factors for Alzheimer' disease: a prospective analysis from the Canadian Study of Health and Aging. Am J Epidemiol 156(5):445-453.

18 Sabate. (2003). Caffeine, postmenopausal estrogen, and risk of Parkinson's disease. J Neurology 60(5):790-795.

19 Van Dam RM, Feskens EJ. (2002). Coffee consumption and risk of type 2 diabetes mellitus. Lancet 360(9344): 1477-1478.

20 M.Elena Diaaz -Rubio and Fulgencio Saura -Calixto .2007.Dietary Fiber in Brewed Coffee; Journal of Asricultural and Food Chemistry.55

21 Macrae R. (1985). Nitrogenous compounds. p.115-152. In: Coffee Chemistry. Clarke RJ, Macrae R (eds). Elsevier Applied Science Publishers. Barking, UK.

22 Viani R, Horman I. (1974). Thermal behavior of trigonelline. J Food Sci 39(6):1216-1217.

23 Massey LK, Whiting SJ. (1993). Caffeine, urinary calcium, calcium metabolism and bone. J Nutr 123:1611-1614.

24 Gilbert RM, Marshman JA, Schwieder M, Berg R. (1976). Caffeine content of beverages as consumed. Can Med Assoc J 114:205-208.

25 McCusker RR, Goldberger BA, Cone EJ. (2003). Caffeine content of specialty coffees. J Anal Toxicol 27:520-522.

26 Harris SS, Dawson-Hughes B. (1994). Caffeine and bone loss in healthy postmenopausal women. Am J Clin Nutr 60:573-578.

27 Lacroix A.Z, Mead L.A, Liang K.Y, Thomas .CB, Pearson T.A. (1986). Coffee consumption and incidence of coronary heart disease. N. Engl .J .Med 315: 977-982.

28 Paul O, Lepper MH, Phellan WH, Dupertuis GW, Macmillan A, McKean H, Park H. (1963). A longitudinal study of coronary heart disease. Circulation 28: 20-31.

참고문헌

29. Sofi F, Conti AA, Gori AM, Eliana Luisi ML, Casini A, Abbate R, Gensini GF. (2007). Coffee consumption and risk of coronary heart disease: a meta-analysis. Nutr Metab Cardiovasc Dis 17: 209-223.

30. 문준웅(2009) .Perfect Espresso .Perfect Espresso : (주)아이비라인.276

31. Jinmo Khil(2010). The Association of Coffee Consumption and Cancer Risk in Epidemiological Studies/Coffee Review of Korea .Coffee Edu. Soc. Vol. 2.135~ 159

32. Song Suk Kim (2010). The Effects of Active Components in Coffee Beans on Oxidative Stress and Aging ./ Coffee Review of Korea.Coffee Edu. Soc. Vol. 2. 109~131

33. 이윤호(2009). 완벽한 한잔의 커피를 위하여 : MJ미디어.192~207

34. 이현석(2009). 로스팅의 이해 : 서울꼬뮨

35. 정해옥(2010). 커피사전.MJ 미디어

36. 송주빈(2009). The Professional Barista´s Handbook : 주빈커피

37. 전광수(2009). Coffee Roasting : (주) 아이비라인

38. 존톤, 마이클 세갈 (고재윤 옮김). 세계의 명품 커피. 도서출판 세경

39. 신기욱(2011). 커피 마스터클래스. (주)북하우스 퍼블리셔스

40. 강란기(2008). 커피용어해설. 도서출판 유강

41. 최성일(2009). 커피 트레이닝 바리스타. 땅에 쓰신 글씨

42. 강란기(2010). 수프리모 커피의 가공처리조건에 따른 이화학적 특성 및 커피애호가의 구매특성에 관한 연구 Studies on Physicochemical Properties of Supremo Coffee in Relation to Processing Condition and Characteristics of Purchasingfor the Coffee Lovers

43. 이규은, 이영선(2014). 직업기초능력의 이해와 개발. 동문사.

44. 강란기, 황호림, 오정화, 김종호(2017). 카페음료 & 커피 칵테일. 도서출판 유강

45. 강란기(2016). 커피 바리스타. 도서출판 유강

46. 박영순(2019). 이유있는 바리스타. 커피비평가협회(CCA)

NCS기반의 커피 관리

초판인쇄 | 2019년 4월 20일
개정판 9쇄 | 2025년 1월 2일

저 자 | 강란기
발 행 처 | 도서출판 유강
발 행 인 | 柳麟夏

주 소 | 경기도 성남시 중원구 상대원동 144-3 우림라이온스밸리 5차 B동 412호
전 화 | 010-5026-4204
총 무 과 | 031-750-0238
홈페이지 | www.ukang.co.kr

디 자 인 | 옥별
사 진 | 황익상

ISBN 979-11-90591-38-6

정가 24,000원

잘못된 책은 교환해 드립니다.
저자와 협의하에 인지를 생략합니다.

본책의 무단복제 행위는 저작권법에 의거 5년 이하의 징역 또는 8,000만원 이하의 벌금에 처하거나 이를 병과할 수 있습니다.